认知学习：
焦虑时代如何高效学习

王鹏 编著

中国科学技术出版社
·北 京·

图书在版编目（CIP）数据

认知学习：焦虑时代如何高效学习 / 王鹏编著 . — 北京：中国科学技术出版社，2020.6
　ISBN 978-7-5046-8648-0

　Ⅰ. ①认… Ⅱ. ①王… Ⅲ. ①学习方法 - Ⅳ. ① G442

中国版本图书馆 CIP 数据核字（2020）第 074955 号

策划编辑	马　斌
责任编辑	马　斌
封面设计	赵　亮
正文设计	王世君
责任校对	吕传新
责任印制	徐　飞

出　　版	中国科学技术出版社
发　　行	中国科学技术出版社有限公司发行部
地　　址	北京市海淀区中关村南大街 16 号
邮　　编	100081
发行电话	010-62173865
传　　真	010-62173081
网　　址	http://www.cspbooks.com.cn

开　　本	880 mm × 1230 mm　1/32
字　　数	225 千字
印　　张	8.75
版　　次	2020 年 6 月第 1 版
印　　次	2020 年 6 月第 1 次印刷
印　　刷	北京盛通印刷股份有限公司
书　　号	ISBN 978-7-5046-8648-0/G・852
定　　价	69.00 元

（凡购买本社图书，如有缺页、倒页、脱页者，本社发行部负责调换）

PREFACE 前言

人类的基因并不传承认知，每个人都要通过学习才能成就自己。

如何成就自己？很遗憾，我们的学校只传授知识，并不教你如何成长和成就。无论是家长还是老师，都更关注你的成绩而不是你的自我成长。当你走向社会，则被伪成功学和各类心灵鸡汤所包围，变得无所适从。

由于工作原因，我强调"知识工作者"的自我修炼，在经过1 500本书的熏陶、25年的实践之后，我把自我修炼分为四大领域：世界与哲学、逻辑与思考、效率与成果、人际关系与沟通。这四大领域，每个领域的背后都有着至少30本以上传承不衰的经典著作。在我看来，这些著作是每个人成就自己的最佳阶梯，而让你触摸到经典带来的认知是本书的初心（本书聚焦于"效率与成果"）。

如何在这个时代从容地学习

时代飞快向前，世界每天都在变化，由此构成了这个时代的焦虑底色，每个人或多或少都有一些焦虑——怕自己稍稍放缓脚步就错过了什么，或者被别人超越。时下网上有数千个教程教人如何致富、学习、夺权、求爱或减肥，它们像计划表一样教你一步步走向某个单一的目标，但很少有人能真正因此变得更从容、更强大。

不知道你想过没有，你从小学到中学再到大学，花了超过 2 万个小时学习语言、数学、物理、化学等内容，上班之后，还会花费很多时间上知乎等网络平台读书充电。但是，你花了多少小时"学习如何学习"呢？花了多少小时学习大脑是如何工作的呢？花了多少小时学习心智模式是如何对你产生影响的呢？

换句话说，你相当于在不懂计算机输入法的情况下，就试图通过键盘录入《莎士比亚十四行诗》，而且一写就写了十几年。

在未来，学习如何学习变得更加重要

某个场景在我们身边屡屡发生——家长强制自己的孩子去学习，孩子问："我为什么要学习？"家长的回答是："学好了才能考上好大学，考上好大学才能有好工作，这样你才能幸福生活。"

"学习"的概念被限制到一个极为狭窄的通道里，只强调获得信息的过程和应试能力，完全不理会把信息转化为知识，继而转化为行动、深入实践的过程。即使我们成年之后，很多人对学习仍然保留这个印象。

中国被西方工业社会裹挟进入现代化，一大特征就是教育体系工业化。为了适应工业体系对人才的需求，用于大规模生产人才的"教育流水线"被设计出来，学习的内容就是不断重复某项行为。试想一下，当下中学生（尤其是高考复读生）的学习状态与卓别林在电影《摩登时代》中拧六角螺母的表演何其相似。

由此，我们的孩子居然成了全社会最苦最累、压力最大的人群。不仅如此，如此学习出来的人进入职场后却成为"高知游民"，学历高但解决不了现实中的问题，甚至为了逃避竞争压力只好回到高校继续"深造"。

以前的个体是企业组织这台机器上的一个螺钉，你的价值依附于机器。未来的企业是一个 HUB（多端口集线器），你的价值来源于自身的价值和创造的成果。换句话说，未来企业是一个共同体，而员工则变成拥有独立能力的共同体成员。例如，喜马拉雅 FM 就是一种类型的共同体，你、我、郭德纲、马东等都是共同体的成员，在这个共同体中，消费者、生产者融为一体。

在共同体中，你的价值大小和职衔（如 BAT 的某总监或上市公司高管）没有关系，价值来源于你的贡献和个人成果——这是前所未有的社会变迁。

未来企业的组织原则将发生逆转，所有企业都会逐渐抛弃当前的科层制组织方式，取而代之的是以知识（能力）拥有者为核心的平台插拔式组织方式。其背后推动的三大力量是供求关系的逆转、知识工作者的崛起及互联网的产业应用。

这是我撰写本书最主要的原因。在未来社会中，每个人都是终身学习者，每个人的"成果"决定了他/她在社会中的价值和角色。

有几个问题请你抽空想想：

- 你有个人成果吗？它是什么？
- 你有什么独异于他人的本事？
- 在你的人生之中，有哪些经历或成绩能拿得出手？

真正的"学习"是把信息变成本事和成果。学习必须有用，如果不能够学以致用，只是单纯阅读或收藏，那就不是学习，而是"囤货"。例如，在微信里收藏的大量没读的好文章，以及每天花在朋友圈和其他碎片时间上的一个小时。

- 如何看待自己的时间，如何管理自己？
- 如何从无限的信息海洋中淘取有用的内容？
- 如何快速将信息转化为知识？
- 有了知识怎样行动起来？如何能够坚持？
- 行动转化为成果的通道是什么？

要知道，世界上大部分信息是没有意义的，只有少数认知才会对我们产生重大影响。要想完成最渴望的目标，战胜最艰巨的挑战，就必须挖掘并应用一些规则或自然法则，因为它们恰好左右着你苦苦期待的成功。我在工作中总结过一套快速学习和个人成长的方法以满足客户要求。在这个过程中，有一个问题慢慢浮现出来："学习如何学习"这件事情有没有世界级的共识？有没有共通的一些规则或自然法则？

21本世界级书籍带来的启示

最近有两个热词在朋友圈爆红，"佛系青年"和"积极废人"（简称"积废"）。"佛系"强调一种超脱的态度，嘴上说着无所谓，实际是不愿面对职场的现实，不愿面对生活的现实，是一种无可奈何的逃避。"积废"则是指"间歇性踌躇满志，持续性混吃等死"，不知道应该学什么，不知道自己应该怎么干。即使给自己制订了目标，骨子里又缺乏行动力的人。

理想很丰满，现实很骨感。不但"佛系"和"积废"，拖延癌、焦虑症、抑郁症、社交恐惧症等"病人"似乎越来越多，甚至成为日常谈资——工作几年下来，没有拿得出手的成果。下班回家想看会儿书，却被朋友吸引打了一晚上游戏；想早睡早起跑步锻炼，却抱着iPad追剧到半夜。我们总是不会学习，又总是因为不会学习而感到焦虑。该怎么办？

温泉旅游地图

为了解决这个问题，我用发掘整理已有矿藏（书籍）的思路，几乎泛读了身边能找到的所有书籍，寻找那个神秘的"一"。最终，我挑选了21本世界级的心理学、管理学、行为科学、神经科学和成功学的经典，并把它们作为"深潜"的对象去仔细研读。

深潜之后，我发现这些经典之间有着密切联系。在内蒙古阿尔山，有一个温泉群落，方圆3公里的区域内有48眼泉水，每个泉眼的水温、化学成分各不相同，可以治疗几十种病。泉眼的外表也不相同，有的水势浩大，肆意奔流；有的如涓涓溪流，润物无声；有的则不动声色，平静如潭。

这就和我读21本经典著作的情况不谋而合，当用"跨界"的眼光来看，就像这些泉眼的深层自然相通一样，多数西方经典（21本书中的20本为西方著作）的底层概念是相通的，如"认知""天赋""心流""专注""反馈"等基本概念，已经成为共识和思考基础。

我要做的就是绘制一张"阿尔山温泉旅游图"，把每本书的假设去粗取精，形成完整的底层逻辑和基本认知，这些认知就是"学习如何学习"的自然法则。

石头砌起来的小屋

在我们生活的时代，东方智慧和西方科学思想发生了激烈的碰撞。现在看来，科学思想占了上风。我认为，当作者有一个想法，并希望把它付诸笔端，让读者受益的时候，作者除了天马行空的思路之外，还有必要做科学上的探究（小说类除外），以在底层知识和基础逻辑方面做到自洽。而不是自说自话，给读者灌一肚子维生素含量极高的汤汁。

本书有点像我们在森林里见到的用不规则石块砌起来的小屋，每一块石头都是前人多年研究的结晶。因此，书中的概念比较多，涉猎范围广泛，这会给阅读造成障碍。为了易读性，书中没有用大量的术语，而是按照人类的认知过程，从基础认知开始谈起，逐渐引出方法和习惯，继而用少量的指令告诉你应该怎么做。

有两个基础确保本书是一本"安全"的书籍。第一个基础是应用基础——得益于足够数量例证的检验，本书中的"子方法"在全球都有巨量的使用例证表明方法的有效性；第二个基础是科学基础——得益于足够的科学研究，确保核心概念的准确性，以及通过特定模式组合，保证它符合人类基本认知和行为科学。

本书内容可以分为三个部分。

第一部分包括第一、二、三章。我们谈到了"时间应该怎么度过""巅峰绩效是在什么情况下创造的""为什么你的努力没有用"这些话题。在未来时代，你究竟如何调整自己的"认知观"？怎么规划学习？希望获得怎样的成就？

第二部分包括第四、五、六、七、八章。这五章是一套组合起来的"三一学习法"，会谈到黄金思维圈、番茄工作法、微习惯、读书的方法、执行四原则。黄金思维圈能让你开始琢磨一些以前不会去想的事情；番茄工作法是治疗拖延症的利器；而懒人的福音则是微习惯；读书的方法是获取信息的高效方法；执行四原则让你从"知道"

到"做到"。试想一下，如果在做一件事情的时候，既有高明的想法，又有好的习惯去坚持，同时还马上就干、绝不拖延，那你一定会将这件事做得漂漂亮亮。

第三部分包括第九、十两章。我们在这两章要谈的就是"反脆弱"和"反脆弱的学习方法"。我们在前八章已经了解了"三一学习法"的学习之道，那么会不会把信息变成本事？能不能持续实践？这两个问题至关重要。因为学习不容易开始、不容易坚持、不容易深入、不容易有所成就，换句话说，想要学习成长本身就是一件脆弱的事情。

此外，本书最后列出了我推荐的参考书目，如果你对"学习如何学习"有足够的兴趣，建议你看一看，然后找其中自己感兴趣的书籍延伸阅读。

如何运用本书

希望你把本书当作一个实验

理论和方法固然好，身体力行更加重要。

希望你能把本书当作一个实验。把它真正运用到你的生活中去。本书每一章都有明确的概念，在用例证阐述了某一个概念之后，希望你能用实践来检验它。

在每一章的末尾都有一个模块叫"试一试你行不行"。这个模块既是本书观点的实际验证，也是对你提出的一个挑战，让你学以致用（如果无法使用将知识化为本事，那么你的认知只是伪认知而已）。这些实验的提出或者基于历史的智慧，或者基于科学研究和理论，能够切实提高你的能力，以迎接真实生活里面的挑战。我希望，你能在阅读本书时保持开放的心态，在做每一个实验的时候保持好奇心，不断"觉察"自己的表现，发现一些有用且有趣的东西。也许，不是每一个实验都适合你，但我可以保证，它们已经被足够多的人检验过了。

从第一章到第八章，每章的内容用一周到一个月的时间进行"实践检验"，如果你真的去做了，恭喜你，你对"学习如何学习"这件事的认知将和世界同步。当然，如果你对书中的概念和方法已经了然并已经在身体力行，跳过前面的章节直奔最后两章也是不错的选择。

付出时间对价来读这本书

本书的初衷是希望你通过学习如何学习，能把知识变成本事。本书分为 10 章，每章都讲了一个概念及其背后的原理，以及如何应用。这些概念、原理和方法是彼此相连的，从头到尾慢慢看过去符合人类的认知习惯。

人的认知有一个层层深化的特点，获得信息并不难，难的是把信息变成自己的认知：

- 信息→认知：

用实践来检验是把书中信息变成自己的认知最好的办法。在你看完一章之后，用"试一试你行不行"的方法把它用到工作和生活中去。每章的方法都可以用一两周试一试，然后把你的感受和身边的朋友交流。

- 认知→体验：

真正的认知会化作行动，当开始行动之后，你会产生自己的体验，只有走到这一步，人才会进行思考，才会变得深刻（深刻：深入然后印刻在你的思维中，开始成为自己的东西）。

- 体验→习惯→本事：

真正的"学习"是把信息变成本事，就像你不能告诉鸟怎样飞翔一样，如果你不采取行动，不把信息变认知，认知变体验，从体验又逐渐形成习惯，那么信息对你就是没有意义的。

要知道，万物皆有其代价，得之太易必然不被珍惜，唯有付出时间对价，你才能获得真正的学习和感悟。

苍茫中的小火苗

凯文·凯利在《必然》中写道："在这个'形成'的时代里，所有人都会成为菜鸟……永远是菜鸟是所有人的新设定，这与你的年龄，与你的经验，都没有关系。"

互联世界飞速前进，我们远远跟不上"霍洛斯"（holos）⊖的脚步，新知和心智都需要终身学习来支撑。作为一个永远的菜鸟，关于"学习如何学习"的话题，我们必须保持"Stay Hungry, Stay Foolish"（虚心若愚，求知若饥）的状态，并且像查理·芒格（沃伦·巴菲特的搭档）一样，用"重要学科的重要理论"去寻找"别人尚未发现、有时候一眼就能看见的平地上的大金块"。

在未来的苍茫之中，希望本书能成为一朵小火苗，伴你成长。

编者
2020 年 2 月 2 日于北京

⊖ 《必然》中所描述的最大的人造物，"霍洛斯"是凯文·凯利给它起的名字。"霍洛斯"包含所有人的集体智能、所有机器的集体行为及自然界的智能相结合所形成的整体，以及出现在这个整体中的行为。

| CONTENTS 目 录 |

Ⅰ 前言

如何在这个时代从容地学习　Ⅰ
在未来，学习如何学习变得更加重要　Ⅱ
21本世界级书籍带来的启示　Ⅳ
如何运用本书　Ⅶ

001 第一章　时间究竟应该怎么度过

时间是一口锅　003
哲学一：活在眼前，融入当下　005
哲学二：凝结"时间晶体"，在有限中活出无限　010
试一试你行不行：静坐＆冥想　017

019 第二章　达到巅峰绩效的不二法门

向偏执狂学习　022
世界级的理念——"深度"　024
"深度"到底是个什么样的状态　025
在日常生活中进入"深度"状态的五个方法　030
进入"深度"状态需要做的准备　038

互联世界解毒针剂　039

试一试你行不行："无屏"静默　042

043　第三章　怎样才能成为一个高手

你和"脑王"杨易的大脑真的不一样吗　046

怎样让大脑"重新布线"　054

"刻意练习"与"天真练习"的五个区别　060

刻意练习的六条黄金法则　065

你没有成为高手是不科学的　072

试一试你行不行：突破"基因"限制　073

075　第四章　用黄金思维圈发现元认知

被基因限制住的思考模式　079

跳出"第一反应"　081

发现"Why"的力量——心智核武器　084

用"How"来搞定真问题　086

掌握黄金思维圈，发现元认知　088

试一试你行不行：学会和自己对话，发现元认知　091

093　第五章　使用番茄工作法，让产出翻倍

拖延症的本质　094

那个番茄　097

扎克伯格的番茄工作法　098

路线图和狂飙突进　102

三张白纸和四个番茄　104

打断后的处理办法　107

工作量比想象的要少得多　109

试一试你行不行：现在就做　113

115　第六章　不可能失败的习惯养成方法

动力和毅力都不可靠　117

习惯养成的两条科学法则　120

小得不可思议的习惯　123

7 个需要注意的事项　128

通过改变心智模式去除坏习惯　131

试一试你行不行：利用微步骤做以前不敢做的事情　133

135　第七章　读什么样的书和怎样读书才能成为高手

留一点时间给纸质书　137

建构正确的知识体系　140

书能被读完吗　141

总有些书是大部分书的基础　143

应选书籍类型　148

假装你要写本书　151

试一试你行不行：一个月、10 000 字、专业文章　156

157　第八章　从知道到做到

仅仅知道是不够的　158

与"内心戏"对话，让觉察协助你执行　161

用高效执行 4 原则推动执行　165

把大象装进冰箱　175

试一试你行不行：成为一个特立独行的执行驱动者　177

179 第九章　把我们的人生变成反脆弱的人生
　　　　反脆弱的概念　181
　　　　Why：为什么你要成为一个反脆弱的人　185
　　　　How：我们应该怎么做　190
　　　　What：你应该去做什么　198
　　　　试一试你行不行：结构性的改变　203

205 第十章　一套反脆弱的"三一学习方法"
　　　　一套把信息变本事的方法　207
　　　　简单、反脆弱的"三一学习法"　215
　　　　用狂飙突进的方式深度学习　219
　　　　如何给你的学习注入"反脆弱"因子　221
　　　　"三一学习法"的操作案例　226

235 后记

244 参考书目推介

260 参考文献

chapter one

第一章
时间究竟应该怎么度过

"弃我去者，昨日之日不可留；乱我心者，今日之日多烦忧。长风万里送秋雁，对此可以酣高楼。"

——《宣州谢朓楼饯别校书叔云》（唐）李白

这个时代不再有太多值得赴汤蹈火、至死无悔的"大业"。当前，一部分人沉溺于安适而不能自拔，另一部分人则受困于贫穷而难以翻身，可是，这两类人似乎都把自身的生存看成是生命的意义所在。如果果真如此，人类必将陷入迷思。

——《空雨衣》[英]查尔斯·汉迪

左脚跨进食堂门口的那一瞬，我便感受到了时间的真实存在，时间凝固在空间里，不规则也不连续，有的光彩照人，有的黯淡无光，有的长达数十年，有的短如须臾，我能用手去触摸，我能听到时间的回响……当我尝试推开挡在身前的时间凝块时，我惊讶地发现每一段时间的分量也是不同的，那些光彩照人的时间不一定比黯淡无光的时间更沉重些，短暂的时间也会很有分量。我思索着衡量时间的标准是什么，不知不觉走到了卖水饺的窗口。这个时间点食堂很冷清，阿姨们大多无事可做。

"阿姨，小份的猪肉三鲜。"我对着低头看手机且一直保持同样姿态的阿姨说道。

大概过了三秒钟，阿姨还没理会我。

"阿姨……"我加大了音量。

阿姨还是没搭理我。

我突然感到惊恐，一丝凉意从后背慢慢往上爬，心想：他们人生中的所有时间莫非都被抽走凝固在食堂里了吧？一具没有时间的躯体和没有灵魂的躯体有什么区别？

我想拿出水杯喝口水以提高嗓门来叫醒阿姨，转身那一刻，我瞥见墙上贴着：拒收现金。我恍惚间明白了什么，掏出一卡通，欲往刷卡机上靠去……

"小份猪肉三鲜6块钱。"阿姨说道。

我并不惊讶于阿姨突然间的"复活",因为我大概了解了时间在这个食堂里运作的机制。

"滴"的一声,我花了6元钱买了阿姨的时间。

"同学,水饺好了。"这是我离开食堂前听到阿姨说的最后一句话。

我走到食堂门口,心里一种特别的欲望促使我回头看了一眼,阿姨还是像我进门时一样低头看着手机,食堂里凝固的时间又多了些,再仔细看,我甚至对某一段时间凝块有归属感,似曾相识,那大概是我花6元钱买的吧,隐隐约约还能闻到猪肉三鲜的味道。

——摘自知乎"张不知"

以上这段有意思的小文摘自知乎。人和人的区别来自对时间的认识——为什么有些人终日闲散?为什么有些人又终日惆怅?为什么有些人年纪轻轻就获得非凡成就?为什么有些人走到生命尽头却一无所获?

时间究竟是什么?

时间是一口锅

在谷歌Google上搜索"时间",会显示超过115亿条搜索结果,而搜索"性"和"钱"这样的热门话题只有27.5亿条和20亿条(在百度上,最多搜索结果只有1亿条,这三者都是1亿条)。时间及怎样才能最大限度地利用时间,成为比性和赚钱更重要的事情。

在西方哲学家奥古斯丁的《忏悔录》里面,对时间是什么做了非常清晰地描述:时间在上帝创造万物之前根本就不存在,时间也是上帝创造出来的，所以你的问题是个伪命题！说得形象一点，时间是上帝创造的一口锅，这口锅把我们和万物都罩在里面，而上帝自己在锅的外面。

无论谁，时间这口锅都不是按照你的想法造的，我们不能管理时间，我们能管理的是度过时间的方法，使自己的人生更有意义。

请问，我们的人生是一场比赛吗？

某些主流价值观倡导，如果你想要获得，就要去和他人竞争，上学时要竞争——"千军万马过独木桥"；上班了要和同事竞争——"沉舟侧畔千帆过"；上网游戏也要把其他人都打败。在比赛思维的前提下，所有人都是竞争对手，与天斗与地斗，其乐无穷。表面上看，每个人都经常为他人的成就和生活点赞，但私底下是否会有情绪，会羡慕嫉妒恨呢？

请问，你会被你的欲望带着走然后焦虑吗？

你下班回家想看书充电，却忍不住打了一晚上游戏；想早睡早起跑步锻炼，却追剧到半夜。为何我们总会错误地分配时间，又因为这些行为而感到焦虑？这样一天天过去，每天有欣喜、有快乐，但更多的是苦恼和焦虑，直至老去。跟着欲望走，让焦虑主导人生，这样度过一生你愿意吗？

请问，好的学习方法你为什么坚持不下去呢？

互联世界信息泛滥，好的学习方法在论坛上一抓一大把；朋友圈也在时刻告诉你怎么学习，怎么进步；市面上很多关于时间管理的畅销书，看着都有获得感，方法似乎也简便易行。你也许在知乎上关注了一堆问题，在微博上收藏了很多学习方法，手机里光学习方面的

App 就下载了好几个，但实践起来就坚持不下去了。这是为什么？

请问，在时间这口锅下面，你究竟想怎么度过你的人生呢？

很多不错的学习类的课程都讲怎么提高"时间使用效率"，但基本上都没有涉及"你的一生"究竟应该怎么度过？就像菲利普·津巴多所说的悖论：你对时间的态度对你的生活产生着深远的影响，可你自己可能很少觉察到。

如果对时间这口锅没有真正的认识，作为"背锅侠"的你，任何学习方法都不可能坚持，不可能对时间做有效管理。在读完全球顶尖的 21 本关于学习成长的书籍之后，我发现了关于时间的规律，为此我特地总结了两条时间哲学，聊聊在时间这口大锅之下，一个"背锅侠"究竟应该怎么度过自己的人生。

哲学一：活在眼前，融入当下

第一条时间哲学叫"活在眼前"，强调把感受融入当下——吃饭时就吃饭、睡觉时就睡觉，工作时就工作，与家人在一起时就全心感受和交流，把自己的心神完全投入眼前的事情上，不去想结果究竟如何。

菲利普·津巴多的时间观

在《津巴多时间心理学》这本书中，菲利普·津巴多描述了这本书的另一位作者约翰·博伊德在著名的"人骨教堂"之———康契吉欧尼圣母教堂的地下室所看到的情景：

博伊德恰好在一个空闲的午后，来到康契吉欧尼圣母教堂的地下室游览，突然，他发现在一堆人骨的脚下立着一块牌子，上面写着：

你们的现在就是我们的过去；

我们的现在就是你们的将来。

当他读到这短短的几个字，过去与未来的场景突然展现在眼前。从此，这些白骨不再是神秘的历史文物，而是在他的人生旅程中曾经相伴走过的人——他们是我们的同辈。400年的日出日落，15 000天的富裕与贫寒、战争与和平，都不会将我们分开，而是如同僧侣干枯的皮肤、斑黄的骸骨、老旧的拉丁语和老式的长袍一样，变得无关紧要。这段话使我们无法再忽视或者否认一个不争的事实：我们活在这个地球上的时间是有限的。对于整个宇宙来说，仅仅是一眨眼的工夫，我们将和数十亿生活过又死去的祖先一样，也会变成眼前的堆堆白骨。

这间地下室时刻提醒活着的人：我们最终的命运是什么。当罗马的其他景点展示着世界上最伟大的艺术家有生之年创造的作品时，这里保存的却是他们生命的残存。如果这些白骨可以开口说话，它们可以为你讲述成千上万个达·芬奇、米开朗琪罗和拉斐尔的宏图大志。但是，这块牌子并不是警示为死亡做好准备，而是真诚地提醒我们过好当下，并使你的人生更有意义。

——《津巴多时间心理学》[美] 菲利普·津巴多

津巴多认为，虽然最终的命运无法逃避，但过去和未来紧紧相连，只有过好当下才能让我们的人生更有意义。

大珠惠海禅师和释一行的时间观

禅宗讲"活在眼前"这个观点，讲得最为透彻。佛法讲人的念心始终像一只猴子，喜欢上蹿下跳，念头纷乱无一刻安止，即"心猿"。

每一刹那，贪心、瞋心、痴心……大小烦恼相续相生，我们自以为乐，其实是以苦为乐而不自知。只有活在眼前、活在当下，"饥来吃饭困来眠"，意识到幸福已经具足，才会带来长久的安宁快乐。

源律师问："和尚修道，还用功否？"师曰："用功。"源律师问："如何用功？"师曰："饥来吃饭，困来即眠。"源律师问："一切人总如是，同师用功否。"师曰："不同。"源律师问："何故不同。"师曰："他吃饭时不肯吃饭，百种须索；睡时不肯睡，千般计较。所以不同也。"

——（宋）《五灯会元》

"犹太人的时间观"

某位拉比（类似于天主教神父或基督教牧师）不慎从一座摩天大楼的顶楼坠落，大楼里认识他的人从打开的窗户看到不断坠落的他时，都惊惶而关心地问："拉比，您还好吗？"不断往下坠落的拉比微笑着回答说："到现在还很好。"他继续往下掉，每个楼层看到的人都问他同样的问题，而他则继续回答："到现在还很好。"

犹太民族是世界上非常智慧的民族之一，在犹太人中口口相传上述这样一个故事，他们对时间的看法由这个小故事可见一斑。

以上几个例子，有来自西方的，有来自东方的，奇妙的是，东西方对时间的哲学观点彼此并无隔阂，水乳交融。

"活在眼前，把时间融入当下"，讲的就是要把关注的焦点集中在当下的人和事上，全心全意地去品味、去投入、去体验这一切。而不是工作的时候想着打球，唱歌的时候想着跳舞，睡觉的时候又在琢磨第二天的工作。活在眼前，既不是放弃追逐梦想的借口，也不是逃避挫折的理由，而是把关注的焦点集中在当下这一刻，全心全意地对待每一分、每一秒。

"活在眼前，融入当下"是解决焦虑最好的办法

"晚上要上台表演一个节目，要是演不好就太糟糕了，我好焦虑。"

"明天有个面试，我要过不了怎么办？"

"能不能不去参加那个聚会，见到陌生人我很焦虑。"

……

你发现了吗，焦虑主要来自对未来不确定性的恐惧，相当于你把当前的感受交由未来还没发生的事情来控制。

想一想犹太教的拉比，即使从高楼坠落，他也只是把注意力放在眼前，放在当下。曾国藩有句话为"君子但尽人事，不计天命，而天命即在人事之中"。你要做的只是把注意力拉回到眼前，把自己应该做的做好，不要让未来的事情干扰你，使你忧惧和烦恼。

举个例子，假设你下周有个面试，你在担忧面试是否能过。为此，你闷闷不乐，有点焦虑，干什么都提不起精神来。这时你需要知道，事情往往是由两个因素构成：你能控制的因素；你不能控制的因素。

所以，最简单的方法是控制你能控制的因素——现在就把面试中可能的问题列出来，找个朋友模拟面试，他提问，你回答，找出不足，总结并提高。如此反复几次，把时间花在当下。

至于你控制不了的因素，如考官的脾气秉性、面试当天天气不如意等，无须为它焦虑。

别觉得"活在眼前"容易做

唐代大珠惠海禅师有言:"吃饭时不肯吃饭,百种须索;睡时不肯睡,千般计较。"

西方心理学家用经验抽象法(ESM)得到相同结论,具体方法是给所有的实验对象发一个传呼机。传呼机偶尔会响,每当传呼机响起,实验对象就把自己那一刻的想法或欲望记录下来。这种方法给西方心理学界提供了前所未有的洞见。这个方法证实,每个人时时刻刻都在经受着欲望的考验和煎熬,与禅宗所说的"贪嗔痴毒,大小烦恼相续相生"完全相符。

禅宗入定,就是完全把控自己的念头,保持没有杂念和欲望的状态,即"灵台清明"。把控念头是关键。念头的"念"字,上今下心,就是把握现在,活在眼前。

一行禅师说得好:"走路时,生命在脚下这一步。呼吸时,生命在当下这一秒。"

现在,请你试着深吸一口气,慢慢地把它吐出去,把注意力完全放在呼吸之间。你会发现,有些部位的肌肉在悄然放松,这说明你和你的时间同步了。在这个时点,你将自己的心智从孜孜不倦追求欲望的状态中解脱出来,心智焦点回归原位。

"活在未来"和"活在当下"的两个场景

场景一:你现在有点焦虑,因为后天要交一个有点难度的设计稿,直到现在还没头绪,于是一边吃着晚饭一边心不在焉。晚饭后还觉得烦躁,就打开电视看会儿电视剧,看到晚上9点多电视剧结束还是觉得不爽,干脆叫上几个小伙伴打几局游戏,一直玩到夜里12点多。睡觉前还是因没完成设计稿而烦躁,晚上觉都没睡好。

场景二:后天要交一个有点难度的设计稿,但你把注意力放在今天的晚饭上,餐桌上的饭真好吃,原来今天晚餐有一锅鲜笋老鸭汤,这是你最喜欢吃的菜,而且还有红烧排骨和炒青菜,晚饭吃得非常香。晚饭后,你便到自己的小屋里面开始埋头构思设计稿,一个多小时后,你已经有了一个基础的构思,预计明天再花半天时间就能完成。此时才晚上9点,你心情不错,干脆叫上几个小伙伴打几局游戏,全身心投入到游戏中。晚上10:45上床睡觉,你睡得很香。

两个场景没有太多不同,一个是活在未来,未来有让自己焦虑的事情发生,所以让焦虑控制了自己。因为焦虑就刻意逃避,去看电视、玩游戏,结果于事无补,更加焦虑。另一个是活在当下,把注意力放在当下,放在眼前的问题上,保持心情每一刻都平静舒畅且不再焦虑烦躁。

融入当下,让未来自然发生。

哲学二:凝结"时间晶体",在有限中活出无限

我们处在一个"不安"的时代,手机上的App会每天推送大量消息,这些消息一旦引起你的注意,逐条翻阅,半个小时就没了。浏览网页,逛逛天猫和京东,再看看头条上的新闻等,看似花不了多少时间,但是不知不觉中,半个小时又悄然流逝了。

烦了累了玩会儿游戏吧,这局运气不好,上来就被人秒了……再来一局,这局很顺利,眼看要成功,结果最后对决时被对方一枪爆头。不服,再来一局!然后一整个晚上就这样玩过去了。

看电视剧特别是那些好几季且几十集的美剧和英剧,编剧真的不

错,一旦看了一集,就对第二集有强烈的欲望,恭喜你,又找到一个消磨时间的新乐趣。

如果以上爱好你都有,那么一天 24 小时,已经十去三四,除了日常的工作和学习之外,剩下的连睡眠时间都不太够了。这样的日子我们日复一日地过着,似乎"无聊"已经远去,我们很"充实"。

无意义的"充实"乃是焦虑之源——别让自己的时间白白过去,生命有限,正因为有限,内心的自我才要在有限中活出一点无限;否则焦虑就会始终伴随你,这是人的生命本性所决定的。

> 人生到处知何似,应似飞鸿踏雪泥。
> 泥上偶然留指爪,鸿飞那复计东西。
> ——《和子由渑池怀旧》(宋)苏轼

何为有限中活出无限呢?就是要在有限的时间里面留下一点点可以让自己和他人回味的东西,我称之为"时间晶体",它可以在时间长河中留得稍微久一些,比如:

你是一个作家,写了一本书,百年之后大家还在传阅。

你是一个运动员,得了奥运会滑雪比赛的冠军,荣耀数十年。

你是一个企业家,创立起一个品牌,口碑载誉,路人皆知。

你是一个建筑设计师,设计了一栋经典的博物馆,为人津津乐道。

除了这些,生活中更加常见的是:

你做了一份很棒的年终报告,到了第二年年底还有人提起。

你带领一支团队超额完成了当年的销售计划,得到嘉奖。

你写了一篇特别棒的帖子,在知乎上受到上千人点赞。

说到这里,不知道你明白了没有。"时间晶体"强调结果,强调通过自己的努力留下时间的印记。儒家的三不朽——"立言、立功、立德"说的就是这个，看上去高深，其实不然，每个人都在努力凝聚"时间晶体"，结婚、养育孩子、旅游、在知乎上写文章甚至拍视频上网共享，都是凝聚"时间晶体"的行为。而最可怕的是完全沉溺于日常享受或日常行为，缺乏"时间晶体"的凝聚。

"时间晶体"凝结的本身，就是人生的目的

古往今来的哲学家都在努力探寻，我们的生命存在到底有无意义。宇宙到底有无意义。"日何为而照耀？地何为而运转？山何为而峙？水何为而流？云何为而舒卷？风何为而飘荡？"

哲学开始于好奇和疑惑，因好奇而求认知，要了解世界的本质；因疑惑而求觉悟，要了解人生的目的。刨除终极生死和宗教意义，东西方哲学对于"人生的目的"给出两个层面的答案，第一个答案是世俗的幸福；更高一层次的答案则是精神层面的，包括康德所谓的"道德律"[一]、尼采的悲剧意识及海德格尔的存在论等。

我个人的观点是，一味地执着于生命是否有"意义"或"目的"并不太明智——这和我们应该怎么做没有关系。就像人没有翅膀，却并不妨碍飞上天；人也没有鱼鳃，却可以在海中畅游一样。在这点上，我与胡适的看法类似，"生命本没有意义，你要能给他什么意义，他就有什么意义。与其终日冥想人生有何意义，不如试用此生做点有意义的事"。

[一] 德国哲学家康德曾说过："有两种东西，我对它们的思考越是深沉和持久，它们在我心灵中唤起的惊奇和敬畏就越会日新月异，不断增长，这就是我头上的星空和心中的道德律。"

富翁在海滨度假,见到一个垂钓的渔夫。富翁说:"我告诉你如何成为富翁和享受生活的真谛。"渔夫洗耳恭听。富翁说:"首先,你需要借钱买条船出海打鱼,赚了钱雇几个帮手增加产量,这样才能增加利润。""那之后呢?"渔夫问。"之后你可以买条大船,打更多的鱼,赚更多的钱。"富翁回答。"再之后呢?""再买几条船,搞一个捕捞公司,再投资一家水产品加工厂。""然后呢?"渔夫追问。"然后把公司上市,用圈来的钱再去投资房地产,如此一来,你就会和我一样,成为亿万富翁了。""成为亿万富翁之后呢?"渔夫好像对这一结果没有足够的认识。富翁略加思考说:"成为亿万富翁,你就可以像我一样到海滨度假,晒晒太阳,钓钓鱼,享受生活了。"

"噢,原来如此。"渔夫说,"我现在不就在晒晒太阳,钓钓鱼,享受生活吗?"

这个故事流传得很广,一些人对这个故事的定性是人生的真谛与金钱无关,财富不是幸福的必要条件。

我觉得不然,这个故事恰好说明了凝聚"时间晶体"才是人生的意义所在。我们把富翁的名字换一下,如果把他换成柳传志、俞敏洪或埃隆·马斯克,你会怎么想?

赚钱不是目的,而是要凝聚"时间晶体"。柳传志当年创业前还是中科院计算所的研究员,生活稳定安逸,但他觉得人生不能这样过,所以毅然决然地在40岁时下海创业。柳传志在创立联想公司的过程里,经历了非常多的急流险滩,在克服这些困难的过程中及之后,他见到了世界上最绚烂的风景,也拥有了许多人生最佳体验。

《心流:最优体验心理学》的作者米哈里告诉我们,在你尽自己最大努力去达成目标的过程中，能产生一种叫"心流"的东西，这种东西是人的一生所能达到的最佳体验。

一般人认为，生命中最美好的时光莫过于心无牵挂、感受最放松的时刻，其实不然。虽然这些时候我们也有可能体会到快乐，但最愉悦的时刻通常在一个人为了某项最艰巨的任务而辛苦付出，把体能和智力都发挥到极致的时候。最优体验乃是由我们自己所缔造的。对一个孩子而言，也许就是用发抖的小手，将最后一块积木安放到他从未堆过的那么高的塔尖上；对一位游泳健将而言，也许就是刷新他自己创下的纪录；对一位小提琴演奏家而言，也许就是把一段复杂的乐曲演奏得出神入化。每个人毕生都面临着不计其数的挑战，而每次挑战都是一个获得幸福的良机。

——《心流：最优体验心理学》［美］米哈里·契克森米哈赖

心理学家已经使用脑科学的手段，用功能性核磁共振直接扫描大脑，更直接地研究"心流"。事实证明，米哈里说得完全正确，"心流"的过程是大脑分泌去甲肾上腺素、多巴胺、内啡肽、血清素、大麻素和催产素，以形态各异的序列和浓度发挥作用，"心流"的愉悦感就是来自这些激素。"心流"不仅仅是人脑这个黑盒子的外部表现，而是有了实实在在的大脑工作原理的解释。

人生皆苦，并不是我们不去追求"时间晶体"的凝结就会幸福。渔夫和其他人一样，也会历经挫折，但他只能在低层次的苦难中沉浮和挣扎，触摸不到人生的最佳体验。

俞敏洪有一句话说得很好："人生可以用六个字总结，就是经历、体验、升华。"无论你是想从政、从商，想要成为技术大牛或是厨艺达人，只要找到一个富有挑战性且能够集中能量的方向，从而凝结出

"时间晶体",在追求的过程中,你就会一次次地经历人生的最佳体验。人生本身的目的似乎就是凝结"时间晶体",享受在有限中活出无限。"时间晶体"凝结的本身,就是人生的目的。至于随之而来的平静和幸福,只是这个过程的衍生品。

大部分"时间晶体"是少量努力决定的

你有没有在年初制订计划,但到年底检验的时候,发现自己一事无成?

你有没有一年到头特别忙碌,忙得没有时间陪家人、陪孩子,忙得健康受到损害,但似乎也没有做出什么有意义的成就?

为什么?怎么办?

在互联的世界里面,信息过度导致我们的注意力分散。你真正想要过的生活和真正觉得有价值的东西被掩盖和埋没了。在《精要主义》的作者格雷戈·麦吉沃恩眼中,在我们生活的世界中,几乎所有的一切都是毫无价值的,只有极少量事物才具有非凡的价值。这是我们无法挣脱的现实。

精要主义并不是下一个新年决心要对更多的事情说"不",不是删减收件箱里的信件,也不是掌握新的时间管理策略,而是不断地停下来问问自己:"这些事情值得我投入时间和精力吗?"世间事务和机会之繁多,远非个人的时间和资源所能及。尽管其中不乏好事,有些甚至非常好,但绝大多数都是无意义的琐事,重要之事少之又少。学会区分差异——过滤筛选所有选项,并从中择其真正精要之事而为之,是精要之准则。

精要主义不是如何完成更多的事情,而是如何做好对的事情。它也不是提倡为了少做而少做,而是主张只做必做之事,尽可能做出最明智的时间和精力投资,从而达到个人贡献峰值。

非精要主义者行为

精要主义者行为

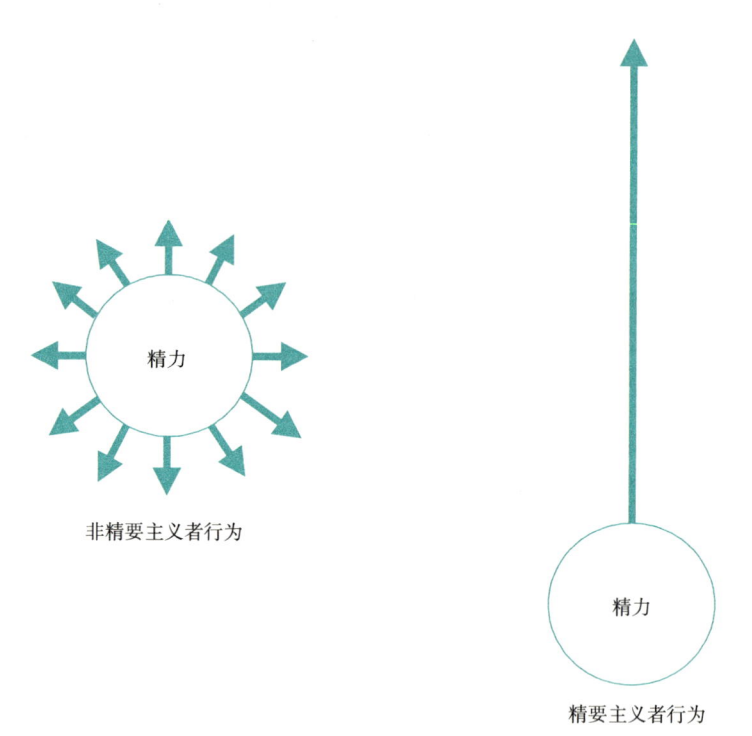

图 1-1　精要主义者与非精要主义者的行为差异

精要主义者和非精要主义者的行为差异如图 1-1 所示。在这两幅截然不同的图像中,付出的努力是相同的。在左图中,精力被分散到了很多不同的事上,结果就是在每件事上都取得了零星进展,但都不能令人满意。在右图中,同样的精力被用到了少数几件事情上,由于精力集中从而在最重要的事情上取得了显著进展,获得了令人满意的结果。精要主义者拒绝接受我们能做所有事情的想法，而是要求我们进行真正的权衡取舍并作出艰难决定。在很多情况下，我们可以学着做一些一次性决定，它们相当于未来的一千次决定，这样就省得一次次用同样的问题来折腾自己。

——《精要主义》[英]格雷戈·麦吉沃恩

大多数人都听说过"帕累托原理"，该原理早在19世纪90年代由维尔弗雷多·帕累托提出，它指出80%的成果是由20%的努力产生的。根据定律，大部分"时间晶体"是由某种少量的努力决定的。我们必须找到这部分重要的事，否则再苦再累，人生也会一片灰暗。

我们需要努力发现对自己真正重要的事情，找到自己的"价值主张"，并将注意力像探照灯那样集中过去。

指尖滑落的岁月，淬炼着我们的生命。

多年之后，当你自己问自己：这一生究竟做了些什么？你会不会因此沮丧惶恐？要学习管理自己的人生，要学成长之道，就一定要了解"时间晶体"对你的意义，要走在凝聚"时间晶体"的道路上，否则生命的本性会让你无法得到平静，空虚和焦虑会伴随始终。

试一试你行不行：静坐 & 冥想

你是否静坐过？

如果没有，建议你试一试。静坐的方法很多，你可以试一试"观息"的方法，把自己的全部心神放到自己的一呼一吸上，只去体会气息从鼻孔中进出的那一瞬间感受。如果有杂乱念头的干扰，不要去管，保持"觉知"的状态。就是说注意力全部都放到呼吸上，不要被杂念带走即可（即"正念"[1]）。

当你开始静坐，会发现两种常见的状态：

1. 不到一分钟，你的专注就不见了，会被杂念带走，思绪不知道飘到什么地方去了。

2. 开始觉得昏昏沉沉，想打瞌睡或已经睡着了。

出现第一种情况，把思绪拉回，不要烦躁，继续专注即可；出现第二种情况，需要调整静坐时间，困倦的时候不要静坐，以精神饱满时静坐为好。

如果你能坐住了，会更加惊讶——心里怎么会有这么多的杂念？只有真正入静了，你才会知道你的念头百转千回、千奇百怪，无一刻止息。其中，绝大部分念头在平常状态下是无法觉察的。静坐与冥想是寻找内在途径的科学[2]，它有利于活在当下，察觉自己本身就具有的智慧和思维模式。

每天进行 15~30 分钟的静坐和冥想，坚持 2 周，试一试你行不行？

---

[1] 正念 (mindfulness) 指的是"在当下时刻对周遭环境不带判断地保持有意识的觉察"。这是一种观察自己的禅修方法，它强调只觉察，不做好坏判断。现代医学验证，正念可以快速提高免疫功能，减轻心血管疾病，降低压力反应。

[2] 静坐和冥想不是伪科学，也不是心理学的"安慰剂效应"，它从脑科学和医学方面都有实证研究的结论。欧洲最著名的欧洲工商管理学院（INSEAD）盖了一座庞大的冥想馆，他们认为 21 世纪企业家最有效的两项工具，一个是冥想，另一个是直觉（和冥想相关）。美国哈佛商学院也有类似观点。

chapter two

第二章
达到巅峰绩效的不二法门

让你的头脑成为透镜，汇聚专注之光；让你的灵魂完全投入到头脑中的主导之物上，尽情吸收思想。
——《知性生活》［多米尼加］安东尼达尔梅斯·塞汀朗吉思

有如此多的人发现这种体验令人感觉如此良好，以至它不仅为自己找到了存在的理由，也为生活本身找到了存在的理由。
——《宗教、价值和巅峰体验》［美］亚伯拉罕·马斯洛乔布斯的一个过人之处是知道如何做到专注。"决定不做什么跟决定做什么同样重要,"他说,"对公司来说是这样,对产品来说也是这样。"

……

产品评估显示出苹果的产品线十分不集中。这个公司在官僚作风的驱动下对每个产品炮制出若干版本,去满足零售商的奇思怪想。"真是荒谬,"席勒回忆说,"无数的产品,大部分都是垃圾,由迷茫的开发团队制造。"光是麦金塔(Mac)就有很多个版本,每个版本都有不同的、让人困惑的编号,从1 400到9 600。"我让他们给我解释了三个星期,"乔布斯说,"我还是搞不明白。"最后他干脆开始问一些简单的问题,比如:"我应该让我的朋友们买哪些?"

……

几个星期过去了,乔布斯终于受够了。"停!"他在一次大型产品战略会议上喊道,"这真是疯了。"他抓起记号笔,走向白板,在上面画了一根横线一根竖线,做成一个方形四格表。"这是我们需要的。"他继续说。在两列的顶端,他写上"消费级"和"专业级"。在两行的标题处,他写上"台式"和"便携"。他说,他们的工作就是做四个伟大的产品,每格一个。"会议室里鸦雀无声。"

席勒回忆说。

在9月的董事会上，乔布斯介绍这个计划时，现场同样鸦雀无声。"吉尔曾在每次会议上追着我们批准越来越多的产品，"伍拉德回忆说，"他一直在说我们需要更多产品。史蒂夫来了以后说我们需要更少的产品。他给我们画了个四格的矩阵，说这就是我们应该专注做的。"一开始董事会并不接受。他们告诉乔布斯这是在冒险。"我能成功。"他回答。董事会从来都没有投票赞成过这个新战略。但乔布斯说了算，他就往前冲了。

结果，苹果的工程师和管理人员突然高度集中在四个领域。专业级台式电脑，他们开发出了 Power Macintosh G3；专业级便携电脑，开发出了 PowerBookG35；消费级台式电脑，后来发展成了 iMac 消费级便携电脑，就是后来的 ibook。

这意味着公司要退出其他业务领域，例如打印机和服务器。1997年，苹果在销售 StyleWriter 彩色打印机，基本上就是惠普 DeskJet 的另一个版本。惠普通过卖墨盒赚走了大部分钱。"我不明白，"乔布斯在这个产品的评估会上说，"你们准备卖100万台却赚不到钱吗？真是疯了！"他站起来，离开会议室，给惠普的总裁打电话。"咱们解除合约吧，"乔布斯建议，"我们会退出打印机业务，让你们自己做。"然后他回到会议室宣布他们退出打印机业务。"史蒂夫审视一番情况后，会立即知道我们需要从中脱身。"席勒回忆说。

……

这种专注的能力拯救了苹果。

——《史蒂夫·乔布斯传》[美]沃尔特·艾萨克森

向偏执狂学习

现代科学已经证明了我们的大脑就是一个乱糟糟的村委会，我们的欲望非常多且杂乱，上百个不同目的的冲动把我们推向不同的方向。例如，脑子里一会儿提示去锻炼身体，一会儿提示想吃块比萨，一会儿提示想背几个单词，一会儿又提示把昨天追的剧看完。

我们恨不得一下做完所有的事情。

对于大多数人来讲，他们把自己的能量和精力分散到太多的地方，以至在大脑这个村委会里面没有绝对的权威，这样一个"民主"政体完全无法聚焦，导致我们一会儿向左，一会儿向右，能量被自我消耗。我们小时候学物理学，讲磁铁的原理，磁铁之所以有那么强大的吸力，是因为普通物质里面的原子都在做布朗运动，而磁铁里面被磁化的物质产生了方向性，原子在向着一个方向不断运动，如图 2-1 所示。

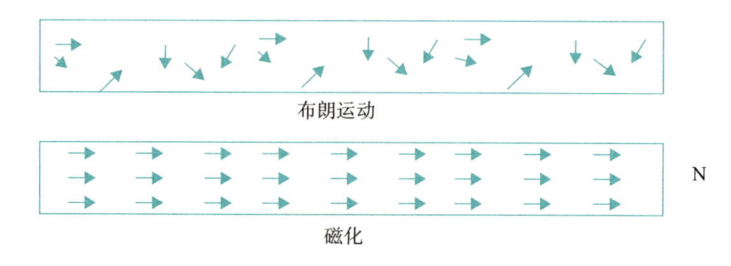

图 2-1 布朗运动和磁化

我们必须想一些办法，给大脑里面的"村委会"找一个权威的领导，这样的话，一个有秩序的村委会让我们的意识能够更加有序，从而在做事情的时候不至于动不动就走神，动不动就被外界所影响。

举一个例子，孩子的专注力往往比大人差很多，一个想和你说句话的孩子向你走过来，突然经过电视，电视上正在播放一个广告，孩子被广告吸引住了，这时候猫在旁边叫了一声，孩子就朝猫跑过去，突然又想起来还没跟你说话，一扭头又看见电视了，于是又看了一会儿电视……

其实，我们日常生活和工作同这个例子没有什么不同，只不过程度有差异。现代社会极度膨胀的信息让我们完全处于时间的碎片化之中，科技把我们的注意力完全打碎，改造着我们的大脑，让我们茫然失措，极端的情况就和上面那个孩子类似，完全失去了方向感。

英特尔公司的创始人安迪·格鲁夫写过一本书叫《只有偏执狂才能生存》，格鲁夫强调的是"十倍速变化"之下，对于企业家需要偏执行事、"惶者生存"。格鲁夫毅然抛弃了原有的存储器业务（那时候英特尔是全球存储器的龙头企业），把所有精力偏执地投入前景未明的微处理器。凭借这个认知，他把英特尔带向巅峰。

我们要向偏执狂学习，偏执狂的特点就是认定了一件事就毫不动摇，聚焦到一个目标上。试着想象一个你之前无法想象的目标，如自己造一个智能机器人，用手机拍一部电影，或者登上海拔8611米的乔戈里峰，一旦认定这个目标，偏执狂就会轻装前进，扔掉所有其他的东西。在这样的情况下，成就的速度会远远超出我们的想象。

所以你得相信，眼前你经历的种种，将来多少会联结在一起。你得信任某个东西，直觉也好，命运也好，生命也好，或者因果报应。这种做法从来没让我失望，我的人生因此变得完全不同。

——史蒂夫·乔布斯（2005年）

碎片化生存是一种病态，偏执狂也是一种病态，上文举的例子是成功的偏执狂，但是生活中也有无数的偏执狂在一条失败的道路上走到黑。我并非强调要从一种病态转到另一种病态。而是我们需要深度思考——我们的人生还有没有另一种可能？

世界级的理念——"深度"

"深度"的理念出自卡尔·纽波特的《深度工作：如何有效使用每一点脑力》，它强调在没有干扰的专注下进行眼前的事情，把时间用在刀刃上，放弃无用信息和社交，带来工作成果的飙升，带来个人生活和工作的双重满意——这就是上一章"活在当下"哲学的具体应用理念。

决定你价值的，并非那些琐碎肤浅的表象，而在于"水面"之下真正的"深度"。

说到这儿，请你想一想：你有没有做过让你特别自豪的事情？有几件？都是哪些？

为什么说"深度"是世界级的理念，因为"深度"的理念完全解决了个人成果乏善可陈的问题。我记得在看完《深度工作：如何有效使用每一点脑力》这本书之后非常懊恼——为什么我不是在二十岁的时候就接触到这个理念，就看到这本书呢。如果是那样的话，我相信我的人生成果会多出不少。如果你没有掌握"深度"这项基本能力，想要在互联时代的信息之海中劈波斩浪，获得很高的成就是一件很辛苦的事情。

和"深度"这个词相对，我们身处的社会环境事实上更加鼓励"肤浅"，肤浅的工作、肤浅的生活——我们习惯于用参加了多少场会议、回复/发送了多少封邮件、完成了多少别人指派的任务及一些可以被"量化"的指标来评价自己和其他人的工作生活。在这种价值观之下，我们评价一个人，不是看他到底有什么成果，而是看他忙不忙，似乎忙碌就代表努力，努力就代表有成果。

时间是最公平的。每个人一天都是 24 小时，但是不同人的产出却天差地别。人和人差距为什么这么大？很多人错把忙碌当高效，实际上许多忙碌根本就是瞎忙。为什么说"深度"是世界级的理念，是因为"深度"理念是稀缺的，它和我们身边的价值观并不相同，多数人已经被功能日益强大的手机、频繁弹出的窗口、爆红的热点肢解了自己的注意力。互联世界中的信息网络如此发达，老年人都已经终日抱着手机看，唯有"深度"这个稀缺理念能够解决个人成果乏善可陈的问题。

"深度"到底是个什么样的状态

我们来模拟一个场景：

假如你是一个早报的记者，印刷还有 4 小时就要开始，你还有一个 5 000 字的稿件没动笔，怎么办？

再比如，你是一个自由职业的画师，接了一个漫画的任务，报酬是 5 万元，但要求你明天早晨 9：00 交稿，否则一分钱拿不到，你因为拖延症还没动笔，怎么办？

在这样的紧要关头，你能不能不追剧、不看微信、不刷朋友圈、不倒饮料、不伸懒腰、不胡思乱想，把乱七八糟的事情都抛在脑后，利用每一束神经元来完成任务？

出乎意料的是，在多数情况下，以上任务都能完成，只要你平时储备足够，交出的文字稿件和漫画稿件质量还不会太差，这就是"深度"的状态，效率高得让你自己都不敢相信。

在有足够强大的任务驱动下，人更容易进入"深度"状态。

"深度"状态：连续不间断地专注投入、充分调动自己的认知和思考能力，使其尽可能逼近极限，从而得到不易得到、具有高价值的工作结果。

典型的"深度"状态有四个特征，即 STER：无自我性（Selflessness）、无时间性（Timelessness）、无刻意性（Effortlessness）、丰富性（Richness）。

无自我性："忘我"，关闭自我评价。

无时间性：以全部心神沉浸当下，时间或飞速流逝、或凝滞不动。

无刻意性：不需要额外的动力，我们能够自动自发、充满激情。

丰富性：大脑进行广泛链接，我们灵感不断、思潮如涌。

在正常情况下，5 000 字的早报稿件往往需要 2 天时间来润色完成（不计算素材采样时间）；而漫画任务，也许至少需要一周才能基本完成。

为什么会这样？"深度"到底是什么？

为什么常规情况下需要 16 小时的工作 4 小时就能完成？

为什么常规情况下需要一周时间完成的任务在一个晚上就能搞定？

要回答以上三个问题，首先你要了解两个反直觉的概念：

1. 概念一："任务切换耗散"

在通读 21 本经典之后，我发现，几乎所有的核心观点都指向同一个问题，就是人的"注意力"。

大脑在处理信息的时候用的是短期记忆，就好比计算机的内存，需要先调用硬盘（长期记忆）里面的数据，然后才能进行加工。同时，大脑的短期记忆容量极小，就是内存极小，不能同时记太多东西。你可以去试一下，不用纸笔，而用短时记忆去记一个10位的数字（图2-2）。30秒后再想想，看你是不是能记住。

8734293012

图 2-2　短期记忆 10 位数字

人的短期记忆容量非常小，只有5~9个数字，我们给别人复述数字的时候一般都是三个一组，最多四个一组，否则别人就会要求你再说一遍。而且能记忆的时间也比较短。就好像一个工作台，台面比较小，摆不了太多的东西，一旦切换，就得把现有工作台上的东西彻底清理下去，然后再摆上新的东西。

过去，我有一个工作习惯是在计算机上开好几个页面，随时切换，一边写着年终报告，同时还开着一个新闻页面。表面上好像效率挺高，写会报告，累了瞄一眼新闻。但实际上这时候，注意力已经被严重耗损。

这就是"任务切换耗散"，是心理学的一个术语，美国明尼苏达大学教授勒鲁瓦说，当人们同时处理两个任务时，在两个任务切换之间，人脑的认知能力会剧烈消耗。看上去同时处理了两件事情，但对于每件事情所分配的注意力都比一次只做一件事情要少得多。导致本来只需要3小时就能写好的报告，总共花了10小时才完工，质量也有所下降。也就是说，多任务切换会耗散人们大量的注意力，导致效率低下。

什么是多任务？告诉你，每隔十分钟瞄一眼手机微信就是多任务。这是人的大脑构造决定的，关于这一点，与我们的直觉并不相同。

当你从某项任务 A 转移到任务 B 时，你的注意力并没有即时转移，你的注意力残留仍然在思考原始任务。如果在转移工作之前，你对任务 A 缺乏控制且关注度较低，残留会尤其浓厚，但即使你在转移工作之前已经完成了任务 A，你的注意力还是会有一段分散的时间。勒鲁瓦在实验室中强制进行任务转换，以此研究这种注意力残留对工作表现的影响。比如，在一项实验中，她先请研究对象解一些文字谜题。在某次实验里，她会打断研究对象，要求他们转移到一项新的、具有挑战性的任务上，此次是阅读简历，做出假定的聘用决定。在其他几次实验里，她请研究对象完成谜题之后再开始新任务。在文字谜题和聘用之间，她会安排一次快速的词汇判断游戏，以此量化第一项任务的残留量。此项实验以及其他类似实验的结果很清晰：转换任务之后处于注意力残留状态的人，在下一项任务中的表现通常很差，而且残留量越大，表现越糟糕。

——《深度工作：如何使用每一点脑力》［美］卡尔·纽波特

2. 概念二："高质量的工作产出 = 时间 × 专注度"

人类的产出公式也是反直觉的，即高质量的工作产出等于时间乘以专注度。例如，如果你的专注度是 100%，某项工作只需要 3 小时就可以完成。而人一般情况下的专注度有多少呢？没有这方面的科学实验来告诉我们一个准确数值，只能用经验数值。

如果参照前文的例子，16 小时的稿件 4 小时就能完成，需要一周时间的任务一个晚上就能搞定。首先，16 小时或一周时间也需要专心于工作，而不是拖拖拉拉。其具体可以表示为：

安静工作情况下的专注度 ≈ 25%。

对于一个上班时间需要频繁切换工作节奏的人来说，隔段时间就会被打扰一次，其专注度会更低，可能还不到 15%。我曾经按照德鲁克先生在《卓有成效的管理者》上面的建议，记录了我在十多年前朝九晚五时的繁忙状态。2 个月后，我惊讶地发现平均每天的有效时间只有 1.5 小时，而我每天在单位的时间超过了 10 小时。具体可以表示为：干扰工作情况下的专注度 ≈ 15%。

当你进入"深度"状态后，工作效率可能是正常上班时间的 4~10 倍。不但工作效率翻倍，你还会由此进入巅峰状态，体验到"心流"——在完成任务的过程中及完成任务之后，你会对自己非常满意。这就是我们前面讲的：

"带来个人工作成果的飙升，带来个人工作生活的双重满意"。

我们所熟知的大人物，看他们的传记及相关报道，可以明显看到，很多人的行为都是和"深度"理念不谋而合的，乔布斯、马斯克、巴菲特、芒格、盖茨等人都是将"深度"的理念融入了工作和生活。例如，盖茨的"思考周"、马斯克的"第一原理"⊖等。

虽说拖延症不好，但任何事情都有两面性，拖延症迫使我们进入"深度"状态，这也许就是其好处。人在把自己逼到角落的时候爆发出来，顺便让自己体验了一下"深度"的状态。当然，人们不是每一次被逼到角落后都会爆发，如果没有进入"深度"状态，那结果很简单——被主编开除或失去挣得 5 万元的机会。

我给你的忠告是，不用把自己逼到那个程度，在日常生活中，如果你按照以下方法去做，也可以进入"深度"状态。

⊖ 第一原理（First Principle Thinking）是希腊哲学家亚里士多德提出的一个哲学术语，即每个系统中存在一个最基本的命题，它不能被违背或删除。

在日常生活中进入"深度"状态的五个方法

1. 用任务来驱动自己

本书就是我给自己的一个任务,这个任务是用"深度"的理念从头到尾来完成的。每到一个小节点,我就会给自己做好准备——早上5:00起床,在万事俱备的情况下用一个半小时左右努力进入"深度"状态,完成写作中最难的某个部分,可能是某一个关键思考点,也可能是修改怎么看都别扭的某部分。完成之后,我对自己满意极了,同时期待下一次的到来,这是真正的巅峰时刻。

但是,"深度"状态不会招之即来、挥之即去。它是人类的一种高级形态,在这个过程中,人在生理层次和心理层次都提升到了一个高度。有一个词叫"出神入化",其中的"出神"就是指这种状态,仿佛灵魂开了窍。刚出版不久的《盗火:硅谷、海豹突击队和疯狂科学家如何变革我们的工作和生活》一书中就用了"出神"这个词指代"深度"或"心流㊀"。

想进入"深度"状态,你首先需要一个有难度的任务。

用任务来驱动自己是达到"深度"状态必须的条件,没有任务就没有方向。要注意,给自己定的任务目标不能太简单,最好是有很大挑战的那种目标;同时,你对这个目标有真正的达成能力,以确保在你尽力一跳的情况下,能摸得着预设的标杆。

2. 守精要主义之心,以一当千

林语堂说过:"生之智慧,在于摒弃不必要的事情。"

《精要主义》的作者麦吉沃恩告诉我们,少就是多,这对于碎片

㊀ "心流"状态是"深度"状态的极致表现,在"心流"状态下,你会忘记时间、忘记空间、忘记你周遭的一切,时间对你而言即是瞬间也是无限。

化的时代简直太正确不过了。放弃追求太多的目标,过一种"精要"的人生——从加法人生向减法人生转变[一]。

我们究竟应该怎么做?

我们需要把自身的能量像探照灯一样聚焦起来,守精要主义之心,以一当千。

具体来说,四象限法(图 2-3)对于我们如何做很有帮助。它是由两个维度组成的,一个维度是具体与否,另一个维度是有趣与否。这样一来我们就得到四个象限:

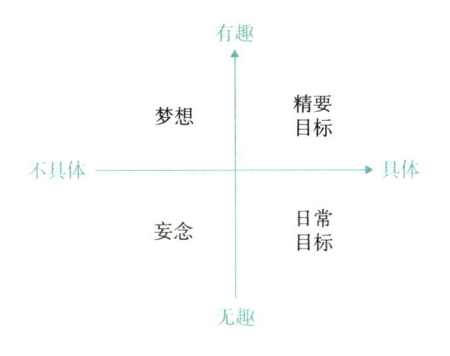

```
                    有趣
                     |
          梦想       |    精要
                     |    目标
   不具体 ───────────┼───────────> 具体
                     |
          妄念       |    日常
                     |    目标
                     |
                    无趣
```

图 2-3　四象限法

第一象限:梦想(有趣且不具体)。
第二象限:精要目标(有趣且具体)。
第三象限:日常目标(无趣且具体)。
第四象限:妄念(无趣且不具体)。
我们可以试着把自己身边的目标往里填一下:

[一] 人的本性趋向加法人生,即越来越多的拥有和欲望。减法人生是反直觉的,即去除不必要的物质所得和心理欲望。

第一象限：我要财务自由（梦想）。

第二象限：我要在今年年底挣够 20 万元，买一辆轿车（精要目标）。

第三象限：一个月后的英语期末考试顺利过关（日常目标）。

第四象限：要是我哪天买个彩票中奖，买辆豪车多好啊（妄念）。

我们在这四个象限里面可以填入很多项目。最终，我们要在第二象限里面选出一个重要的当下要完成的项目作为"以一当千"的目标。

电影明星布拉德·皮特在美国新奥尔良市创建了一个非政府组织。由于卡特琳娜飓风后政府的行动极为缓慢无力，皮特非常希望帮助居民进行生活重建。这样一个非政府组织的目标并不好界定，幸好，皮特是一个精要主义者，他的机构确定了一个精要的目标——为居住在新奥尔良下九区的家庭建造 150 所价廉环保且能抵御暴风雨的房屋，这个目标非常具体，而且有激励的作用，它远比"全力帮助居民进行生活重建"这样不具体的目标要好得多。

> 这真是我人生中转折性的一刻。我从来没有想过一条简单明了的解决方案居然有这么大的威力，能扭转整个公司的困境。同样让我吃惊的是，我一直以为自己已经足够专注了，却没想到我根本不够专注，因为真正的专注是指只专注于一件事。
>
> ……
>
> 经过这几次的困境经验，我开始总结成败与行为之间的关系，结果发现了一个非常有趣的现象：每次获得巨大成功的时候，都是我专注于一件事的时候；而且，我专注的点也应随着目标的变化而变化。发现这个成功的秘诀后，我对未来的生活充满了信心。
>
> ——《最重要的事只有一件》［美］加里·凯勒、杰伊·帕帕森

3. 给自己找一个独特的环境

要想高度专注于当前任务，避免干扰非常重要，因为唯有这样，

才能充分隔离相关神经回路，迫使某一特定大脑回路在隔离的区域不断地燃烧。

这个环境最好是自己并不熟悉的，如找一个你不熟的咖啡馆，如果你经济条件允许，还可以花点钱，找一个高星级宾馆，心理学研究表明这可以降低大脑拖延的本能。例如，写《哈利·波特》的那位英国女作家J.K.罗琳，她写《哈利·波特》系列最后一本书的时候已经挺有钱了，于是她每天付1 000美元租一家古老酒店的套间，此处可以远眺类似霍格沃茨魔法学校那样的古堡；或者采用比尔·盖茨的方法，放下一切，到一个风景优美的乡村隐居一周。关键是找到适合你的地方，立即开展"深度"工作。多说一句，这个地方最好有点白噪声或人气，不是离群索居，不是完全孤僻幽静，而是周边有人声但不嘈杂（这涉及另一个心理学机制）。

不同的环境能够给你独特的感受，促使你能更快地进入"深度"状态。与此类似的还有仪式，如我国古代的静室焚香、沐浴更衣以求与天沟通以及一些宗教的仪式。这些仪式都只有一个目的，就是在生理和心理上进入一个与日常状态不同的层次，即"深度"的状态。

4. Deadline（最终期限）是第一动力

美国著名博主蒂姆·厄本在TED大会[一]演讲的题目是DDL（Deadline，最终期限）。他说一份本应花1年时间完成的90页的毕业论文，被他拖到了最后3天才开始动笔。在经历连续72小时"不吃

[一] TED（指Technology、Entertainment、Design在英语中的缩写，即技术、娱乐、设计）是美国的一家私有非营利机构，该机构以它组织的TED大会著称，这个会议的宗旨是"值得传播的想法"。每年3月，TED大会在北美召集众多科学、设计、文学、音乐等领域的杰出人物，分享他们关于技术、社会、人的思考和探索。

不喝不睡"之后，惊险完成并上交。当然，在短时间的情况下，即使调动了自身的所有潜能，论文质量还是非常差劲。

从另一个角度来看，DDL 很强大、很管用。

给自己一个硬性截止期限，并且这个截止期限是一个看似不可能完成的任务，也就是时间远远小于正常时间，激发你的潜能和斗志，让你获得专注的感觉——你为什么会不专注？为什么会有拖延症？那是因为你没有强大的挑战和动力。你能想象一下，我写本书时，从起草到写完十章初稿的时间吗？不算之前读书思考的时间，我留给自己动笔写初稿的时间是 52 天，基本上 5 天一章。而且你一定不相信，在这 52 天中，有 25 个全天的时间我都有其他事要做。我给每一章都定了一个 DDL，强大的挑战能让人肾上腺素激增，而完成任务会让你获得"Inner Peace(内心平和)"。

不是所有对我们重要的事情都有 DDL，如锻炼身体，以及和家人在一起。但大部分有关"时间晶体"凝结的事情我们都可以给它设置一个"正确的"任务目标和一个 DDL。同时，我们还需要使用后面第五章和第八章的具体方法，要知道，战拖（战胜拖延症）可不是一个简单的 DDL 就能完成，它需要组合拳。

5. 火人节、电极刺激、聪明药和睡眠

在美国内华达州寸草不生的黑石沙漠，每年 8 月底会举办一个"火人节"，它通过环境的营造、跨界交流等方法使参与者释放自我、体验"深度"的状态。如今，"火人节"已经成为美国硅谷精英趋之若鹜的节日。

托尼·安德鲁斯穿着紫色佩斯利花纹的衣服，在一辆"第一音效"公司的艺术车中吼着低音。米奇·西格尔也在周围，在尘土飞扬中向围观的好奇群众演示神经反馈。安卓·琼斯竖了一个巨大的圆形屋顶，用来展示他那能够催眠的神奇艺术。那里有享誉世界的性学治疗专家召开的专题研讨会，常春藤联盟教授所办的神经行为学讲座，以及萨沙·舒尔金梦到过的所有基础胺。或许在远处，甚至都可以发现穿着火焰般制服和翼衣的红牛空军正在进入城市当中。无论怎样描述这场盛事，毫无疑问的是，火人节作为世界上最大的出神交易展，当之无愧。

——《盗火：硅谷、海豹突击队和疯狂科学家如何变革我们的工作和生活》［美］史蒂芬·科特勒、杰米·威尔

在电影《永无止境》（Limitless）中，主人公布莱德利·库珀靠吃一种叫NZT的小药片激发出所有潜能，从而反转人生，成为大赢家。在吕克·贝松的大片《超体》（Lucy）中，女主角斯嘉丽·约翰逊由于新型毒品CPH4在体内泄漏，脑域得到极大开发，获得了超能力，最终无所不在，无所不能。

在美国，已经开始使用药品、电极刺激和一些神经科学的实验方法来训练海豹突击队（隶属美国海军，世界十大特种部队之一），甚至能做到六个星期学习一门外语。

海豹突击队一直在重复利里初始阶段的技术。他们与加利福尼亚州卡尔斯巴德高等大脑监控研究所的研究员一起工作，已经成功地把神经心脏反应圈、数据呈现和高保真声音结合在一起。他们正在有效利用这些改进以达到实用性目的：加快学习。通过使用吊舱，剔除所有分散注意力的事物，制造特定的脑电波，并且调整心率的频率分布，使得海豹突击队员能够把原先学习一门外语所需要的六个月时间

减少到六个星期。对于一个横跨五大洲、接受专门训练的集体来说，关闭自我来加快学习已经成为具有战略性重要意义的事情。

——《盗火：硅谷、海豹突击队和疯狂科学家如何变革我们的工作和生活》[美]史蒂芬·科特勒、杰米·威尔

据说，现在美国高校中有11%的学生在服用一种叫莫达非尼的"聪明药"，以提高自身的专注力和成绩，藤校（常春藤联盟学校的简称）的学生则高达20%。对此我们倒也不用过于吃惊。毕竟，全球最流行的饮料茶、咖啡、可可均含有咖啡因——一种中枢神经兴奋剂。换句话说，这三种饮料也是"聪明药"的一种。

无论是电极刺激还是"聪明药"，其目的都是让人转换状态，注意力更加集中，更加容易进入"深度"状态，获得"心流"体验。为避免各种毒副作用，我认为对于当前的中国人来说，最好的"聪明药"是高质量的睡眠。首先，睡眠绝无副作用；其次，人在高质量睡眠后，才更容易进入"深度"状态。

想要睡得好，我们首先要了解人睡眠的一些基础知识：

（1）REM（Rapid Eye Movement）睡眠，即快速眼动睡眠，是清醒状态和睡眠状态的一个桥梁，我们做梦都是在REM状态下。

（2）Non-REM是大脑休息的时间。

（3）健康成年人一般是REM和Non-REM交替，各1.5小时。

（4）入睡之后的3小时是深度睡眠时间，最为重要。所以，深度休息的时间必须要够3小时。

（5）睡眠的时长节点是入睡3小时，然后REM、Non-REM，反复重复，也就是说4.5小时、6小时、7.5小时、9小时，在这些时点之间，我们会短暂地醒过来，如果在这些时点之间起床，我们就会觉得

神清气爽。反之，如果我们在 REM 或 Non-REM 过程中被唤醒，就会觉得非常困倦。

为了获得高质量的睡眠，我做过这样一个测试：

（1）每晚调整不同的睡眠时间，从晚上 8:30 到凌晨 1:00 入睡，感觉自己身体的变化（中医告诉我们，要在子时前入睡，即晚上 11:00 前）。

（2）把手表或手机放到一伸手就能拿到的地方，晚上醒过来，看一眼时间是几点了，了解自己的睡眠间歇规律。

（3）分别在睡了 3 小时、4.5 小时、6 小时、7.5 小时的时候起床，看看自己的状态如何。我发现，哪怕只睡 4.5 小时，人也能很精神地熬过一天。当然，第二天最好睡满 7.5 小时。

人每天要睡足 8 小时是一个误区，睡眠最重要的指标是"质量"，而不是单一的数量。每个人的情况不同，你需要关注自己的生物钟，"应该睡 8 小时，我昨晚才睡了 6 小时，所以精神不好"，这是被流行观念洗脑后的想法。

有一点需要特别提醒，不要用闹钟。我进行过在 6 小时自然醒和 7 小时被闹钟叫醒两者的比较，发现 6 小时自然醒之后非常舒服，而 7 小时被闹钟叫醒后简直糟糕至极，一直到早上 10:00 都不舒服。如果怕迟到，最好的方法是养成自然醒后看一眼表的习惯，如果你预计 7:00 起床，醒后看表显示 6:30，那么不要再睡了，在床上伸展一下就起床吧，而不是翻个身又呼呼大睡等着闹钟响起。

人一生的睡眠时间很长，睡眠质量的好坏不但影响你进入"深度"的状态，也直接影响其他方面，你有必要花点时间关注自己的睡眠状态。

进入"深度"状态需要做的准备

除了以上五个方法,还需要了解以下六个小诀窍或小技巧:

(1)任务不要求大和多,要求少和难。在《创新者的窘境》中,克里斯坦森告诉我们:"你想做的事情越多,你能完成的事情就越少。"反之亦然。

(2)把最难的任务留给深度时间。把每天的任务拆解一下,拆成多个部分,只把其中最难的任务用深度时间来做。

(3)把任务时间分成两个部分:一部分是专注时间,另一部分是深度时间。专注时间就是不受干扰,自己聚精会神就行。深度时间就是要让自己燃烧起来,利用 DDL 激发潜能,要有拼了的感觉,要调动自己所有的神经元,忘掉身边的一切,投入眼前的事情——周边的白噪声完全无法进入知觉,1 小时过去就像 2 分钟一样(无时间性、无自我性)。

(4)深度时间一般每天 1 小时就可以了(例如,每天清晨的 6 点到 7 点,或者晚上 9 点到 10 点,确保没有人打扰)。在刚开始的时候,1 小时就是极限。我在利用深度时间的时候,要看状态,多数也就 1 小时,直到后来才慢慢一点点延长时间,现在每天的深度时间平均也只有 1.5 小时(并非每天都能进入完整的"深度"状态)。注意,这是深度时间,不是简单的专注,不喝水、不上厕所、不碰手机,利用每一束神经元,狂飙突进。所以,要在物质上和身体上都做好事前准备。争取在"深度时间"里不分神,不被外界打扰。

(5)人精力最充沛的时间是在早晨睡醒后的 2~3 小时,如果把深度时间安排在这个阶段,效果会更好一些。

(6)特别提一下我个人对手机及微信的使用,以供参考。

1）工作和学习时一定静音（如果有必须要接的电话就调振动）。

2）关掉一切不必要的 App 通知（包括微信通知）。

3）如果可能，手机不要放在旁边，而是放进抽屉里。

互联世界解毒针剂

话说到这里，似乎"深度"状态并不难做到。但是，我有点担心，在不是极端任务的情况下，你真的能进入专注状态吗？

我们眼前是一个前所未有的互联世界，互联世界的最大特点就是注意力严重稀缺，每个人天生就不够专注。一个95后的朋友告诉我，微信要是不秒回，别人对你都会有失联的感觉。专注能力已经成了一种稀缺能力，大家都在被手机、社交媒体控制甚至"绑架"，处在一种碎片化生存的状态下。

微信需要秒回吗

在日常工作生活中，我们倾向于采用"最小阻力原则"来做事情。如果同时有几件事摆在面前，我们一般会从最简单的开始。例如，用最短的时间给人秒回微信是一件很简单的事情，只要你设置一下微信提醒即可，极为简单。在这种"最小阻力原则"下做事，可以让我们免去短期内对保持专注和做计划的忧虑，甚至可以让你得到即时反馈——你对自己的反应速度很满意。但是，你会牺牲长期的满足感和真实价值的产出。最小阻力原则驱使我们流于肤浅的工作。

举个例子，假设你是一个旅游公司的产品销售人员，你日常的工作就是用微信和客户沟通，为客户量身定制他（她）们的出游方案。

你认为，微信必须秒回，这样客户满意度才会更高。其实不然，你秒回客户的询问，客户固然会感到自己受重视，会有比较好的感受，但客户更加重视的是你所提供的出游方案是否适合他（她）的需求。如果你采用秒回微信的策略，按照我们前面讲过的"任务切换耗散"和"产出公式"，你很难在真正理解客户意图的前提下给出比别人质量更高的方案，从长期来看，你的工作是肤浅的，整体价值偏低。

换一个方式，如果你采取合理的微信策略，如半个小时集中回复一次，把精力集中在思考客户需求和旅游产品的协调搭配上，你可以把你的策略告诉客户，得到客户的理解。试想一下，你的客户是否会更加满意？显然，客户更喜欢一个专注于工作品质，诚实的业务员。

你的大脑已经被重新编排了吗

如果你说，我就是无法专注，忍不住要去看手机，忍不住要去玩游戏，怎么办？甚至别说半个小时，就是排队打饭的五分钟我都忍不住，一定要拿出手机来看一眼，怎么办？美国斯坦福大学有一个通信学博士叫克利福德，他研究数字时代的人类行为。据他说，网上不断切换注意力会使大脑受到长久负面的影响，直接影响人的认知能力。换句话说，如果你在排队或在餐厅等一个马上就到的朋友的过程中，也一定要拿出手机来看一眼，那你的大脑就已经被重新安排了，这就是心理学上说的"心智残疾"。

心智残疾的表现是：如果稍有无聊或遭遇一点挑战，就立即从低刺激、高价值的活动转向高刺激、低价值的活动。低刺激、高价值就是典型的专注时间，高刺激、低价值就是典型的朋友圈时间或网游时间。这会使你的大脑不能容忍没有新奇性的东西，暴躁易怒，意志力脆弱。这还不是最坏的，最坏的是你会沮丧且自责，对自己失去信心。

我要告诉你的是，无须自责，你只是需要一支解毒针剂。

针剂一：专注力健身操

在自己工作的计算机旁放一个笔记本，然后在上面写一个时间，如15分钟，那么在这段时间里，不能用微信（关掉微信推送的提示音），不能上网，这是一个集中注意力的健身操，在这段时间里，你开始对抗自己的欲望，进行心智磨炼。

当每一个时间段都可以轻松做到时，你就逐渐增加时间，直到你能轻松做到坚持1小时。这时候，你就已经摆脱了由时间碎片化所带来的"心智残疾"。

针剂二：拿出整块时间参加禅修

找一个地方参加禅修。禅修很重要的副产品就是使你的注意力集中（对你来讲不是副产品）。此处讲讲我禅修的经验。拿出完整的5天时间，每天全天静坐，完全不看手机，除了每天晚上利用半个小时与外部联系之外不打电话、不碰手机；不和旁边一起禅修的人说话（甚至不做眼神交流）；吃最简单的素餐。5天下来，心思澄净，你甚至能看到自己的念头是从哪里出来的，你心里的手轻轻一挥，它就飘走了。当你进入状态，杂念越来越少的时候，你会觉得非常平和快乐（当然，顺便说一句，这时候感受到平和快乐也是一种杂念）。无论儒家、佛家还是道家，高僧大德们就是用这种方法让自己随时进入"深度"状态，也就是入定。西方关于学习的最佳理念和东方关于成长的智慧，在"深度"这个概念上无缝连接。

试一试你行不行："无屏"静默

《深度工作：如何使用每一点脑力》这本书里有一个对于社交媒体的看法："它们只是产品，由一些私人公司开发，投资巨大，营销精心，最终的设计目的是虏获你的个人信息和注意力，将其卖给广告商。"

是不是听着有点麻麻的，如果你想不被社交媒体和广告商控制的话，可以试一试"无屏"静默。

每天给自己一个小时的"无屏"静默时间，持续两周。

每天在这一个小时里，你要和"屏幕"完全隔离——手机完全静音，计算机关机，不能看电视、平板电脑等与屏幕有关的东西（最好连Kindle也不要用）。

这一个小时用来干什么呢？

（1）可以看看书，用笔写点东西。

（2）可以散散步，锻炼身体。

（3）可以思考，可以发呆。

（4）最好独处，鼓励无聊。

如果是在工作时间，那么告诉最重要的几个人你要离开一个小时，然后独自躲起来，可以把这一个小时用来思考工作中最重要的事情。在一个小时之后，可以把你的想法和同事交流。如果是在下班时间，读读书，让自己发会儿呆。

我要告诉你的是，这事挺难熬，但是对你很重要——很可能，最开始你很难忍住，总想去看手机和计算机，忍不住要去发邮件、看微信。但坚持就是胜利，坚持两周下来，你会觉得神清气爽。

说明：如果做不到一个小时的静默，可以先从专注力健身操开始。

chapter three

第三章
怎样才能成为一个高手

不要一遍遍重复自己擅长的事情,要让大脑重新布线。

要想将自己的能量最大限度地发挥出来,让工作顺利进行,就必须成为热爱工作的"自燃型"的人。

——《干法》[日]稻盛和夫

2018年3月底,一个天气不太好的春日夜晚,江苏卫视《最强大脑》第五季倒数第二期的节目正在播出,两支队伍将在这里一决雌雄。《最强大脑》是江苏卫视从德国引进的一档商业电视节目,节目的主题是科学竞争真人秀,已经举办了几年,人气爆棚。两支队伍都是年轻人组队。一支是中国战队,从全国近十万人中选出30人,再从30人中用团战的方式选出来最终6人参赛。参加本次比赛的是其中3人,都是中国年轻人里面不折不扣的学霸和精英。而另一队则由欧洲的3名青年精英组成,要么是高智商协会会员,要么是剑桥大学的学霸。这些智力明星都在26岁以下,其中岁数最小的只有十几岁。

节目一开始当然还是插播广告,要知道,这档节目仅仅是广告冠名权就卖到1亿元人民币,节目里的各类植入式广告也层出不穷。节目现场到处是五颜六色的霓虹灯,舞台装饰到处凸显着年轻化和科技气息。随着主持人蒋昌建富于煽动性的声音:"中国的最强大脑在哪里?"节目开始上演。

由于上一场对战中中国战队以1∶2落后,今天的比赛尤其重要。场上弥漫着一种紧张而压抑的气氛。

第一场比赛的节目叫"三维展开",30个凸凹有致、很复杂的多边形用 5 种不同的方式展开，只有一个经过故意调整而无法完全合拢。两个来自不同战队的选手要通过观察和空间推理，在 5 个平面展开图中找出那个错误的选项。更令人紧张的是，双方不但要比正确率，还要比速度，谁更快且谁更准确谁就胜出，赛制是五局三胜。

中国战队首先上场的是杨易，杨易从清华大学毕业，在前面几个场次的表现非常稳定，中国队队长王峰对他赞许有加。中国战队的这些成员都经过了多年"千军万马走独木桥"的传统教育，参加的各类考试、测验数不胜数，他们是千万学子里面顶尖的那一小部分人，杨易又是这一小部分人中的佼佼者。

双方的战前感言相当有趣，杨易的对手是欧洲战队中来自剑桥三一学院的小伙子安德鲁，他灵性四溢，显然是智力水平超群的高手。

比赛开始，赛场从嘈杂的欢呼声迅速转为寂静。第一局开始，欧洲战队的安德鲁就给了杨易一个下马威。按照常理，选手得先观察这个多边形，然后根据多边形来判断展开图到底哪一个有问题，在杨易正拿着多边形研究的同时，安德鲁已经通过直接观察很快按下了答题器，而且答案正确——1:0。这下，不仅仅是杨易，就连场边的嘉宾和队长王峰都被震惊了。对方太强了，观众的心都提到了嗓子眼，估计杨易要输。

第二局开始，却看杨易竟然临时改变策略，和安德鲁一样，也放弃了观察实物，直接开始做题。嘉宾和专家纷纷提出，临时改变策略是比赛的大忌，这么做非常冒险。没想到杨易却在第二局和第三局接连取胜，抢在安德鲁之前按下答题器，而且答案同样准确。安德鲁被杨易打乱了节奏，在第四局里虽然抢先按下答题器，遗憾的是回答错误。王峰激动不已，快步上前热烈拥抱杨易。后面的比赛，中国战队中的另外两名队员发挥出色，这晚，中国战队以3∶0完胜欧洲战队。第五季最强大脑，杨易以出色的发挥获得了"脑王"称号。

在看节目享受精彩激烈的比赛同时，有一个问题始终在我的脑海盘旋：如此复杂的题目，杨易又并非是以空间能力最优（作为数学老师，他更擅长计算），他怎么能在极短的时间里改变策略且胜出，他的大脑真的与众不同吗？我们和他的智商真的相差很大吗？

你和"脑王"杨易的大脑真的不一样吗

人们喜欢简单的因果关系，把许多事归因于智商。例如：
——《最强大脑》比赛中获得冠军。
——学霸为什么牛？我为什么是学渣？
——张三是博士，李四高中都没毕业。
——邻居甲炒股成了富豪，邻居乙炒股把房子都抵没了。
——某人被骗买了非法集资，而某人成了当红的企业家。

智力商数简称智商，是通过一系列标准测试和测量人的认知能力（就是我们说的智力）的得分。而正常人的智商，根据比较公认的某套标准测验题，大多在85~115。可是，并非像有的人所想象的那样——智商是许多事情的决定因素。

智商并不是一个稳定的数值

据说智商相对稳定，也就是说一段时间内可能不会改变太多。例如，你今天测完是110，明天测的话会仍然在110左右。但从科学的角度来看，智商并不是一个稳定的数值。例如，曾经被广泛报道的一个事实是，玩填字游戏、吃饭的时候记菜单、换左手刷牙、闭上眼睛洗澡等生活习惯的养成就能够大幅提高你的智力水平。

英国广播公司的节目制作人员请来100位志愿者做实验，让他们在一个星期内做各种各样的健脑运动，包括使用计算机时经常换手控制鼠标，蒙上眼睛在家里转来转去，玩一些拼字游戏、猜字游戏，闭上眼睛洗澡，用平时不经常用的那只手刷牙等。另外，在这个时期内，垃圾食品是不允许吃的，晚上的睡眠也要保持充足。

工作人员试图让这些人把良好的生活习惯和健脑运动相结合，以提高他们的智力水平，结果大大超出了人们的预期。经过测试，一些人的智力水平比一个星期前提高了10%，还有一些人竟然提高了40%。该节目制作人菲利普先生说，以前人们一直认为智商是固定的智力指数，但一项科学研究证明，通过科学的运动，人们的智商是可以改变的，他们的实验就证明了这一点。

另一位研究者也做了类似的实验。他请来3 000位年龄超过65岁的老人做智力训练，结果发现，短期的脑力训练后，他们的智力年龄就提高了7~14岁。他总结说："人们可以通过简单的脑力训练来降低智力衰退的可能。"

——《英国每日邮报》

目前，心理学比较公认的观点是：智商与先天基因和后天培养都有关系，人的先天基因的确有差别，如在逻辑、记忆、空间能力、图像识别、语言能力等单项能力各有不同，而综合起来，人与人并没有太大差别。科学实验已经验证：5岁以下，不同种族不同家庭的孩子并没有显现出在智力方面的显著不同。

举一个给我带来巨大震撼的例子：

在 2016 年 3 月，AlphaGo（阿尔法围棋）战胜李世石，后来又战胜柯洁，横扫围棋界之后，我一下就被惊住了。为什么呢？因为我是一个围棋爱好者，经常看的杂志里面有一本叫《围棋天地》，其中 2014 年年底的一篇文章里面，采访了全球顶尖围棋程序的开发者，问他们一个共同的问题：围棋人工智能要赢九段高手，还需要多长时间？这些顶级开发者的普遍回答是 30 年。但这篇文章刊登后仅仅两年多，AlphaGo 就横空出世并赢了全球最强的九段围棋高手。

带来这个巨变的是一种计算机算法，叫神经网络法。它的方法是把相同的程序复制多份，模拟神经元的结构，让程序之间建立联系。也就是我们常说的深度学习算法。这种算法造就了 AlphaGo，但 AlphaGo 在硬件上并没有太大的提高，真正改变的是架构和算法（即操作系统和算法软件），尤其是算法的改变带来了真正的革命。

人脑之间的硬件差别不大，差距在于操作系统和软件 (App)

如果说计算机和人脑可以对应起来的话，也就是人类大脑也可以分为硬件、操作系统和算法软件的话，那么相对应的如下（图 3-1）：

（1）硬件对应大脑皮层神经元数量。

（2）操作系统对应认知模式。

（3）软件（App）对应问题解决方案。

大脑中和智力相关的硬件指标只有一个，那就是大脑皮层中的神经元数量。人类的大脑皮层中大约有 1 000 亿个神经元（正常人），最聪明的人和最笨的人与这个数量差距不会太大（有 20% 的差距吗？至今我没有见过这个课题的研究报告）。

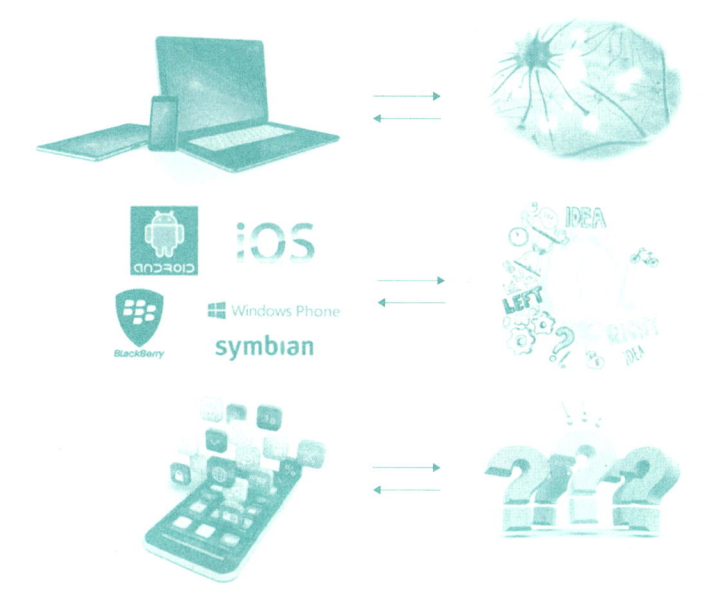

图 3-1　计算机与人脑的对应

据说，世界上智商最高的人可达 228，大概是正常人的 2 倍。但是现实中人与人能力的差异却真的千差万别。与其说是大脑硬件（智商）的差距，不如说是在操作系统和软件上有巨大差别；换句话说，是在心智模式和问题解决模式方面有巨大差异。

"心智模式是深植于我们心灵之中，关于我们自己、别人、组织以及世界每个层面的形象、假设和故事。就好像一块玻璃微妙地扭曲了我们的视野一样，心智模式也决定了我们对世界的看法。"

——《第五项修炼》［美］彼得·圣吉

基因也决定不了我们的才能，你就是天才

在我们身边有一些"聪明人"，有的人记忆力超群，诗词歌赋张嘴就来；有的人能言善辩，能把死的说成活的；有的人天马行空，思维千变万化，他们有的成为学霸，有的一步步走向领导岗位。总之，他们是我们羡慕和嫉妒的对象。

对此，"基因决定论"是许多人秉持的观点，他们会说：人的大脑是有倾向性的，也就是说人是有天赋的。杨易和最强大脑的参赛者，乃至于上面的这些"聪明人"，他们是"天才"，他们一定在某些方面有我们普通人不可企及的天赋。

而《刻意练习：如何从新手到大师》这本书告诉我们，从国外数十年的研究中发出的清晰信号是：不论基因遗传可能在"天才"取得的成就中发挥着什么作用，这些人拥有的重要才华，与我们每个人都拥有的才华是一样的。也就是说，"天才"和我们一样，大脑和身体都具有同样的适应能力，只是"天才"比我们更多地利用了那一能力而已。

书中特别有意思的案例来自莫扎特。

莫扎特是公认的音乐天才，其天才表现之一是"完美音高"。所谓完美音高，就是可以辨认任何和弦中的音符，判断乐器音高的极微小变化，或者极为轻松地挑出乐谱中的错音（三国时期的周瑜也有这个能力，《三国志·吴志·周瑜传》："曲有误，周郎顾"）。在七岁的时候，除了所有的乐器外，他还可以分辨任何足够像音乐的声音的调，如时钟的报时、大钟的鸣响，以及人们打喷嚏的声响。当时大多数音乐家在这方面都无法与莫扎特匹敌。

"天赋"这个词在英语里面是"Gift"，意思是上天的礼物。我们很容易理解，莫扎特是上天的宠儿，完美音高是上天所赋予的礼

物。在一万个人里面，只有一个人可能拥有此种能力，真正的"万里挑一"。但是，来自日本的实验打破了这个神话。

2014年，东京的一音会（Ichionkai Music School）开展了一项实验，并将实验结果在《音乐心理学》科学杂志上发表，揭示了完美音高的真正特性。日本心理学家榊原彩子（Ayako Sakakibara）招募了24个年龄为2~6岁的孩子，组织他们进行长达数月的训练，目的是教他们如何通过声音来辨别钢琴上弹奏的各种各样的和弦。这些和弦全都是带三个音高的大和弦，如带中央C、E和G音符的C大调和弦，后两者的音高都高于中央C。

研究人员给孩子们上了四五节时间较短的训练课，每节课仅持续几分钟，一直训练到孩子们能够辨别榊原彩子选择的所有14首和弦为止。有些孩子在不到一年的时间里完成了练习，另一些则花了一年半时间。然后，一旦某个孩子学会了辨别那14首和弦，榊原彩子便会对他进行测试，以观察他能否正确说出单首和弦的音高。完成了训练之后，参与研究的每个孩子都被培养出了完美音高，并且可以辨别出在钢琴上弹奏的单曲音高。

这是一个令人震惊的结果。尽管在正常的条件下，每万人中只有1人具有完美音高，但参加了榊原彩子研究的那些孩子，却个个都拥有。这显然意味着完美音高根本谈不上是只有幸运的少数人才拥有的天赋，而是一种只要经过适度的接触和训练，几乎人人都可以培养和发展的能力。这项研究彻底颠覆了我们对完美音高的理解。

——《刻意练习：如何从新手到大师》
［美］安德斯·艾利克森、罗伯特·普尔

换句话说，莫扎特在音乐方面的完美表现与"基因"和"天赋"并没有太大关系。那么，为什么莫扎特能如此优秀呢？我再从书中摘一段来说明这个问题。

只要对他的背景稍稍进行一下调查，就很好理解了。莫扎特的父亲名叫列奥波尔得·莫扎特，是一个具有中等天赋的小提琴演奏家和作曲家，他从来没有达到自己渴望的成功，因此开始把心血倾注在自己的孩子身上，力求使他们成为他自己一直渴望成为的音乐家。父亲首先从莫扎特的大姐姐玛丽亚·安娜开始培养。安娜当年11岁，同时代的人称她为钢琴演奏家、大键琴演奏家和职业音乐家。莫扎特的父亲还专门撰写了一部用于发掘孩子音乐才华的培训书籍，并在莫扎特很小的时候，便开始教莫扎特。莫扎特4岁时，父亲开始全职教他学习小提琴、大键琴以及更多其他乐器。尽管我们不知道莫扎特的父亲究竟用什么样的练习来训练儿子，但我们知道，莫扎特六七岁的时候受过的训练，和通过榊原彩子的培训课来培养和发展完美音高的24个孩子相比，不但强度更大，时间也更长。所以，回想起来，对于莫扎特的完美音高，我们应当不用感到那么惊奇了。

——《刻意练习：如何从新手到大师》

[美] 安德斯·艾利克森　罗伯特·普尔

由此，我们可以得出一个结论：人脑的认知模式之所以有巨大差异，并非来自人类的基因或上帝的礼物，而是来自后天的训练——你也可以是天才。

自证的预言——别人的评价给我们的大脑设立了边界

除了方法和环境之外，我们还需要打破自己头脑中的边界。

有没有观察到一个好玩的现象：我们身边的美女，大多数都不太认路。不过，这些美女通常也不需要认路，因为她们通常有其他人接送，很少自己开车。即使要开车，她们往往会有一个 GPS，但一旦这个 GPS 没有电或者找不到信号，她们就彻底崩溃了。

难道说美貌与方向感成反比？显然不是。

小 M，某著名房地产公司的销售经理，1.72 米的身高，漂亮、典雅，每个月的销售额都是楼盘第一，典型的金领丽人，她有自己的车，但每一次朋友聚会都要迟到。一般是在大家坐下来大概十分钟，就会接到她的电话："唉，我现在应该就在附近了，你们等我啊。"然后大家放下电话就会说："别等啦，我们吃饭！"果然，半个小时以后会接到她的第二轮电话："你们在哪里啊？天啊，GPS 不对，我都快疯了！"于是大家很淡定地说："姑娘你别动了，我们打包后去接你吧。"

你以为小 M 不认路？你应该看看工作时候的她，不管在楼房的什么地方，她都能告诉你，这里是东那边是南。而一个新的楼盘，只要走一遍，她就能全部记得。

为什么小 M 的方向感会时好时坏？

因为在小 M 买车的第一天，就有无数人告诉她："女人是完全不认路的哦！"卖车的还建议她装一个 GPS。小 M 从此在车上安装了一个 GPS，与男朋友两个人的时候，男朋友可以导航，自己一个人的时候就完全依靠 GPS。小 M 开车时的方向感从此完全消失。

——《拆掉思维里的墙》 古典

心理学有个现象叫"自证的预言"，即你及你周围的人如何看待你，会相当程度上影响你的表现。你认定自己不行，于是就放弃努力，结果你真的就不行了；反之，你认定自己能做到，就持续不断地努力，结果真的可能做到了一个还算满意的程度。

实际上，我们身边充斥着许多深深影响我们的观点：

——父母告诉你，你的物理学得真好，语文则一塌糊涂。

——老师告诉你，你性格不错，就是不善于和别人打交道。

——女孩子就是细致，你看这些细节多棒。

——男生总是丢三落四，太粗心了。

——×××天生内向，遇到陌生人说话就结巴。

当你接受这些评价的时候，你的大脑就会向这些方向进发，你就会真的物理学得好，语文学得差。如果你是女孩子，就会越来越细致；如果你是男生，就会越来越粗心。至于结巴，更是典型的心理问题。我们的大脑并没有边界，可一些观点和别人的评价给我们的大脑设立了边界。

既然事实摆在面前，那我们是不是可以通过打破自己头脑中的边界来让我们的大脑"重新布线"呢？

怎样让大脑"重新布线"

所谓"布线"，是电子制造业的一个术语，是指将元器件用某种方法连接起来，使之能达到更高的效率。借用这个概念，我们来思考以下三个问题：

（1）我们要改变的究竟是大脑中的什么物质？

（2）成年人也能够"重新布线"吗？

（3）是否有让大脑"重新布线"的最佳工具？

我们要改变大脑中的什么物质

现代神经科学证明，在大脑中有一种物质叫髓鞘，髓鞘是包裹在神经细胞轴突外面的一层膜，其作用是绝缘，当髓鞘形成之后，在神经元之间传递的神经信号就能以 10 倍速的方式进行传递。换句话说，髓鞘就是大脑中的高速公路。

组成髓鞘的物质叫髓磷脂，我们平时认知外界和解决问题时都有自己的习惯模式，之所以形成习惯，是因为在我们常用神经元通道周围会逐渐聚集很多髓磷脂，并逐渐形成髓鞘。当我们再遇见同样的情境，如洗脸、刷牙和吃饭，我们就会不假思索地去做，这就是认知习惯的形成和解决问题的思维惯性背后的成因。

成年人是否可以重新布线

人年幼的时候，大脑的可塑性是最强的，这时候对大脑重新布线，会成就儿童强大的"天赋"。例如，通过恰当的魔方训练，我们可以成为魔方神童；通过合理的音乐训练，我们可以拥有莫扎特那样的完美音高。同样的事情我们可以用在跳舞、做数独、写作和绘画等方面。

我们经常听到的一个观点是，20 岁以后人的身体机能，包括大脑机能就趋于固化，不容易进行改变了；换句话说，20 岁以后成年人的大脑难以再重新布线了。是这样吗？

大脑是身体的一部分，而人类身体的适应能力令人难以置信。这种适应能力不仅仅是骨骼、肌肉的（我们都知道一个豆芽菜身材的小伙子可以通过肌肉训练练就魁梧的身材），内脏和其他器官的适应能力同样巨大，也许身体的适应能力会有极限，但可以明确地说，我们仍然没有到达极限。

1908年，约翰尼·海耶斯（Johnny Hayes）夺得奥运会马拉松冠军，当时的报纸把这场比赛描述为"20世纪最伟大的比赛"。海耶斯不仅夺冠了，还创造了马拉松世界纪录，成绩是2小时55分18秒。

如今，距离海耶斯夺冠一个多世纪以后，马拉松的世界纪录已经刷新为2小时2分57秒，比他创造的世界纪录快了近30%，而且，如果你是年龄为18~34岁的男性，想参加波士顿马拉松比赛，那么，只有成绩不低于3小时5分，才可能获得参赛资格。简单地讲，海耶斯在1908年创造的世界纪录，如果换到今天的波士顿马拉松比赛中，只够刚刚赢得参赛资格。要知道，这项比赛吸引了大约3万名长跑者参加。

同样是在1908年的夏季奥运会上，在男子跳水比赛中，几乎出现了一场灾难。其中一位跳水运动员在尝试空翻两周这个动作时，差点儿身受重伤。几个月后发布的官方报道认为，跳水是项危险的运动，建议未来的奥运会禁止该项目。

如今，空翻两周已成为跳水项目中的入门级动作，即使是10岁的孩子参加的比赛，也必须会这个动作，到了高中，最佳的跳水运动员可以完成空翻四周半的动作了。世界级运动员甚至可以做更加高难度的动作，比如回旋，也就是说，向后空翻两周半，再加两周半转体。我们很难想象，20世纪初期那些认为空翻两周属于危险动作的专家会怎样看回旋这个动作，但我猜，如果当时有人具有这样的想象力，猜测到今后的跳水运动会出现类似回旋的高难度动作的话，那些专家一定会认为这是个笑话，绝不可能做到。

——《刻意练习：如何从新手到大师》
［美］安德斯·艾利克森、罗伯特·普尔

参加奥运会多数都是成年人，事实证明，在经过系统训练之后，成年人的身体适应能力和取得的进步让人始料未及。

身体的进步如此，大脑也同样如此。在《最强大脑》的第二季里，有个经典比赛为人津津乐道，就是王昱珩对战日本选手原口证，王昱珩轻松赢得了比赛。其实，原口证可不简单，1945 年生人，已经过了 70 岁，他之所以能参加《最强大脑》，是因为他从 58 岁起开始背诵圆周率，并在 2006 年 10 月 3 日背诵圆周率到小数点后的十万位，打破了吉尼斯世界纪录。我们经常说老年人的记忆力不如年轻人，在原口证面前，你完全没法证明这一点。

那么，究竟是什么让成年人的大脑和身体发生了如此大的变化？

根据前面我们分析的情况，只有一个原因是可能的：有一套好的训练方法在各个领域推广开了，这套方法使得现代运动员和参加各类竞赛的选手的大脑重新布线（身体重新适应），更加适应竞赛的要求，成绩得到了极大的提升。

换句话说，这个世界上有让大脑重新布线的好方法。

一万小时定律之谬误

在"学习者"的圈子里面有一个众所周知的概念叫"一万小时定律"。在《异类：不一样的成功启示录》这本全球畅销书里面，美国人马尔科姆·格拉德威尔创造了这个概念。书中说到，如果你要成为某领域的高手，就需要在这个领域花上一万小时的时间。格拉德威尔的原话是：只要经过一万小时的锤炼，任何人都能从平凡变成超凡。

真是这样吗？

如果计算一下，每天 8 小时，一周 5 天，一年 50 周，那么要成为某个领域的高手需要至少 5 年时间。但是问题来了，你在某个领域已经不止干了 5 年了，而且很努力，经常加班，但仍离高手还有很大差距，这是为什么？

这是因为一万小时定律并不准确。

它的不准确在于许多人把它解释为一种承诺，也就是说，在任何一个行业或领域，只要做到一万小时的练习，几乎人人都能成为该行业或领域的专家。然而，一些事实如下：

（1）某个喜欢弹钢琴的人，10 岁的时候就开始上钢琴课，然后一直将其作为业余爱好，等到他 60 岁的时候，在弹奏钢琴这件事上花的时间远远超过一万小时，但是，他还在以完全相同的方式弹奏着那些同样的歌曲。为什么？

（2）胡同口路边下象棋的那个大爷，几乎每天都会下上几个小时，多少年过去了，他的象棋技艺水平却仍然不高。为什么？

（3）你从小学开始写作文，工作之后按照领导的要求也在不停地写"作文"，一直写了 20 年，但写作仍然是你的弱项。为什么？

实际上，如果你只是从业一万小时，或者只是进行了一万小时的"天真练习"，那还远远不能达到高手的要求。

"天真练习"是没有用的

我们平时去医院看病，总喜欢找年纪大一些的医生，但是国外研究表明，多数行医 20 年的医生，比行医 5 年的医生在各方面的表现都要稍差一些。原因是大多数有 20 年经验的医生仍然还在用多年前的经验治疗新的病人（新的技术他们并不熟悉）。

人类的思维惯性决定了，一旦某人的表现达到了"可接受"的水平，并且可以做到"自动化"，那么，再多练习几年也不会有什么进步。

"你是活了一年，还是活了一天，然后重复了 365 次？"

"你是有十年的经验，还是只有一年的经验，然后重复了十次？"

"把一天重复 365 次"的行为就是艾利克森讲的"天真练习"，采用这样的练习方式，就算练习十万小时也成为不了一流高手。就像不管随意堆多少砖，都不可能变成美丽的建筑；不管重复写多少字，都不可能成为传世佳作。

要有建筑蓝图，我们搬砖才有意义；要有犀利的观点，写出的文章才有内涵。只有掌握正确的学习方法，我们的努力才有成效。

黄金学习法："刻意练习"

常听到一些朋友在抱怨说："为什么我这么努力，还是得不到我想要的？"如果你再往深里问一问，基本上会得到三类回答：

（1）每天要 6 点多起床，转三趟地铁去上班，连滴滴出租车都舍不得打。周末都在加班，没有时间逛街、看电影、找朋友聚会。一分钱掰成两半花，好几个月都没有买过一件新衣服。我难道还不够努力吗？

（2）每天忙着做计划、打电话、跑业务，忙着参加活动，忙着省下时间去社交，每天跑前跑后，回家总是很晚。但晚上想想又不知道在忙什么，一晃一天就过去了，也没有挣到钱，好像人生也没什么成果。我难道还不够努力吗？

（3）每月都拿出挺多时间来听专业培训，也要求自己每天看点专业视频，已经坚持两年了，可还是没什么效果。我难道还不够努力吗？我怎么才能成为高手呢？

实话实说，这三类人背后的努力都有问题。第一类实际上不能称为努力，而是"苦力"，从中看不到想进步的动力，每天只是在苦挣苦熬。第二类只是看上去很努力，其实是一种"伪努力"，只感觉自己很努力而已。第三类则是天真的努力，没采用正确的方法。

在任何行业或领域中，真正的努力就是不断挑战自己——通过充分利用人类的身体与大脑的适应能力，来逐步塑造和提升自己的技能，以做到一些过去不可能的事情。某种程度上，各种各样的练习都可能有效，但其中只有一种训练方式是最好的黄金法则，这种训练方法称为"刻意练习"。

"刻意练习"与"天真练习"的五个区别

我们不用去管"刻意练习"的定义是什么，你只要知道"刻意练习"究竟与你平常的做法有什么区别就可以了。

刻意练习有极为明确的目的和动机

为了说明这个问题，我拿自己的情况做个例子。我喜欢下围棋，在持续二十年的对弈中，我的水平维持在业余二段左右，始终没有进步。原因是我并没有强烈的意愿来提高我的水平，下棋只是放松的一种方式；换句话说，我对下棋这件事没目的和动机，也就不存在刻意练习的可能，至于平时打谱和看看相关的资料，最多只为消遣。即使我下棋下到80岁，攒够了上万小时，估计我的水平也仍然会停留在业余二段，不会有所提高。

刻意练习则不一样，你必须要有明确的目的和动机。例如，如果我有非常强烈的意愿提升自己的围棋水平，并且给自己定了一个目标，即在未来一年中升到业余四段，那么，我就会根据自己的情况，有针对性地确定训练计划，如计算好一年里面有几次升段比赛，自己在定式运用和官子方面都需要有哪些方面的提高，并且还需要去棋院报一个学习班及确定每周对局的数量等。慢慢积小胜为大胜，最终完成目标。

刻意练习需要极致的专注

　　导师：从你的练习清单可以看出，你每天练习 1 小时，但你每次测试的时候，总是只有 C 的成绩。能不能解释一下原因？

　　学生：我不知道发生了什么！我每天晚上都在练习！

　　导师：你每天练习多少次？

　　学生：10 次或者 20 次。

　　导师：你弹对了多少次？

　　学生：唔，我不知……1 次或 2 次吧……

　　导师：哦……你是怎么练习的？

　　学生：我不知道。我只是埋头弹！

——《刻意练习：如何从新手到大师》
［美］安德斯·艾利克森、罗伯特·普尔

　　这个学钢琴的学生，表面上似乎在专注地弹琴，但实际上他完全没有把心思用在弹琴上，否则怎么可能不知道自己弹对了几次。

　　只有在极致专注的状态下，才是刻意练习，才会发现自己弹奏的内容和老师弹奏内容之间的细微差异。随着这些差异一点点被改正过

来，第一周只能弹对 1 次，到三周后也许能弹对 5 次，一个月之后他就能弹好一首完整的曲子，一年下来，他简直可以办个小型的家庭独奏音乐会了。

刻意练习有清晰准确的反馈

反馈是我们人生中无处不在的自然机制，有了反馈，我们才知道自己做的事情结果怎么样，以及下一步需要怎么做。

——你早晨没吃饭，中午就饿了。

——给孩子买了他喜欢的玩具，孩子非常开心。

——你没按时提交报告，领导把你叫到办公室说了一顿。

——你期末没认真复习，数学考试才得了 70 分。

——你下棋因为定式不熟悉吃了大亏，输了。

——你问朋友晚上是否一起吃饭，她给你回微信说有事不去了。

反馈是"世间因果"的具象化。在学习过程中尤其如此，没有反馈你根本不知道自己有什么问题，以及你离目标有多远。反馈越清晰、准确，你的练习就越高效。百年以来运动员的水平提高了很多，就是因为反馈机制的优化。教练员用科学的方法来训练运动员，方法包括视频、大数据甚至人工智能（AI）技术，让运动员知道自己使用每一束肌肉纤维的情况，从而进行适当调整。这就不难理解，百年前约翰尼·海耶斯的成绩放在今天只是入门级马拉松成绩。

刻意练习要求你走出舒适区

现代心理学认为我们有三个认知外部世界的同心圆（图 3-2），最里面一个圆是舒适区，舒适区里面都是对我们来说没有难度、驾轻就熟的事情；中间一个圈是学习区，是对我们来说有挑战的区域；最外层的是恐慌区，有太多新认知，是让你待久了就会崩溃的区域。

图 3-2 认知外部世界的同心圆

对我们来讲，舒适区就是我们已经习惯保持的东西，包括状态、角色和技能等。人不能总在舒适区待着，应该常待在学习区（保持适当的焦虑不是坏事），不断学习具有挑战但又可以接受的知识，一段时间之后，部分学习区开始变成舒适区，部分恐慌区会变成学习区。

在刻意练习中，必须不断走出舒适区，试着做一些自己以前没做过的事情。例如，弹钢琴时，要刻意练习让自己更快些的指法；如果是下棋，就意味选择不同的开局和不同的定式。

通过高强度的重复练习形成信息高速路和心理表征

重复练习总是会让人觉得枯燥无味。但如果你能把前面4点都做到了，你会发现，大量练习没有那么枯燥。试想一下，有明确动机，在极为专注的情况下你可以觉察到清晰的反馈，同时，每次大量练习的并不是你已经完全掌握的东西（舒适区之外）。

高强度练习之下，一方面髓鞘形成，在大脑中开发出新的信息高速路，使我们的反应更敏捷，思维更迅速；另一方面，高强度练习使新的概念（或称之为心理表征）形成。例如，下围棋的职业高手有一种棋感，他直觉的第一感远超业余棋手苦思冥想的结果。再如，拉小提琴的大师左手在琴格上滑动的感觉及右手用琴弓在琴弦上滑动的感觉和普通人截然不同。这种感觉是更高级的能力，只有通过高强度练习才能获得。

心理表征是一种与我们大脑正在思考的某个物体、某个观点、某些信息或其他任何事物相对应的心理结构，或具体或抽象。一个简单的例子是视觉形象。例如，一提到蒙娜丽莎，很多人马上便会在脑海中"看到"那幅著名油画的形象，那个形象就是蒙娜丽莎在他们脑海中的心理表征。

我们可以用扑克牌记忆游戏来更形象地说明。例如，一副完全打乱的扑克牌，高手能用几十秒的时间就把54张牌的顺序完全记住，他们是怎么做到的？其实很简单，高手们对每一张牌建立了和我们不同的概念，或者叫心理表征。当他们看到黑桃2的时候，反映在大脑中的是一只"黑天鹅"的形象，看到梅花6的时候，反映在大脑中的是"梅花鹿"的形式，看到方片7的时候，反映在大脑中的是"方家祠堂旁边的小溪"，那么当三张牌同时出现，大脑中就会呈现一幅情景——方家祠堂边的小溪水好喝，飞来了一只黑天鹅，跑来了一只梅花鹿。

复杂的心理表征和大脑中的信息高速公路使得高手可以拥有超乎常人的记忆力、复杂问题的快速解决能力及其他天才般的表现。这是大师异于常人的原因，也是仅靠简单努力不能成功的原因。

刻意练习的六条黄金法则

当你读到这里，会不会突然觉醒，原来你在冲刺高考的时候学习方法完全错误，只是机械地用题海战术进行练习，今天做五篇卷子，明天做十篇卷子，动机不强、专注不够、反馈没有，只在自己的舒适区活动，唯一符合刻意练习要求的只有高强度地重复练习。但是，缺了前四条，你只是在"天真练习"。

以下，我给你总结了执行刻意练习的六条黄金法则：

黄金法则一：找一个好导师

好的导师会用好的训练方法让你养成正确习惯，并且给你提供有效反馈，告诉你目前的阶段表现如何及如何改正弱点。注意，要把有成就的优秀导师与干了几十年的普通熟手分开。怎么分辨两者呢？

第一，优秀导师的专业能力必然更强。你可以拿他们和身边的其他老师比较一下。

第二，绝大多数领域都非常强调在最开始养成好习惯。例如，学习弹钢琴时，最开始就一定要学会正确的姿势，把手指放在正确的位置上。再如，学习打乒乓球时，最开始的挥拍姿势正确与否、脚步动作正确与否都直接决定你的学习效率。这是你靠自己的认知无论如何无法做到的。有耐心的优秀导师会不厌其烦地给你调整这些初始习惯。

第三，优秀导师会给你提供真正有效的反馈。优秀导师的指导也许不会那么频繁，但他们关注的不仅是你做得怎么样，还关注你为什么会这样做，为你直指问题根源。干了几十年的普通熟手往往只会根据你表面的表现来给你反馈。

此外，还需要强调，如果经济实力允许，最好找一对一导师而非参加一个团队的训练。这和专注度相关，一对一练习时一旦你走神或不够专注，导师会立即提醒你；而参与团队训练，你很可能会和大家一起胡乱打发时间。你的导师是你的标杆也是你的极限，找的导师越好，你就越可能创造出好的成绩。

但是，如果实在找不到导师或花费太高，互联时代的优势就体现出来了。你可以在网上找一个社群，让和你有同样目标的人给你反馈；或者找高水平的教程一点点研读，对照着来做，自己给自己反馈。

黄金法则二：找到练习的重点和难点

这是"刻意练习"和"天真练习"极为不同的地方。例如，高考复习时，有一大堆资料和卷子要看要做。在这个过程中，不要拿荧光笔画一堆重点，因为你画完重点会让你产生错觉，以为你画完了就记住了。你要做的是把所有的错题都挑出来，然后仔细分析为什么做错，错误点就是你要关注的重点；同时，每一个科目都有理论的难点和技巧的难点，你可以挑几个类型的难题深入研究，如用两个小时只做一个题型（而不是用来做两套卷子），完全掌握它的理论点和解题方法。

换句话说，你的重点应是你最容易出错的点，所以把练习中犯的错误记下来，不要怕麻烦。其次，针对难点，你需要投入时间。如果你真的搞不懂一个问题，关于某一个题型屡次犯错，那么千万不要得过且过，宁可少做几次新的练习，也要集中精力打歼灭战，解决这个难点。

黄金法则三：每一次练习只侧重于单一方面

以学习演讲为例，在一次练习中，你就可以这次练语气，找标杆；下次练习丰富词汇；再下次练习讲故事的技巧。再如，前面说的高考复习，争取每一次只复习一个方面，如果复习英语，就是这次只复习词汇，下次只复习语法，不要相互混淆。

侧重单一方面的好处是更加容易形成髓鞘和信息高速路。如果你同时关注词汇和语法，它们在大脑中的运作部位和神经元连接通道不同，你的能量会在不经意间耗散掉了，效率会明显降低。

黄金法则四：在学习区一遍遍重复

大作家沈从文说过一句话："不希望自己比谁聪明，只希望自己比别人勤快一点，耐烦一点。"他说的"耐烦"，是指"能耐繁剧"，忍得住寂寞，坐得稳板凳。

据我所知，有不少人用看外文原版电影来学英语。但只有不多的人能用这种方式学出来，大多数人看多久的外文电影都没用。

真正有用的学习方法是这样的：

（1）一遍遍地看同一部电影，直到完全掌握。

（2）遮住字幕，努力理解所有对话。直至能背诵其中的句子。

（3）每一次的重点不一样。第一次只关注词义理解；下一次关注时态问题和句子结构；再下一次只关注发音，直到这部电影被完全掌握，不看屏幕直接就能听懂原句。

没学出来的人呢？不够"耐烦"，受不了只看同一部电影，也受不了重复观看却只关注词义理解。于是，他们看了很多原版电影，最后跟你我一样，还是需要看字幕，然后便成了电影发烧友。

黄金法则五：组建或加入一个团队，大家一起学习和进步

将对同一件事情感兴趣的人聚集起来，或者加入一个现有团队，这是非常有帮助的。

你可能会很容易想到减肥的互助会、抱团取暖的健身协会。我见过最好的例子来自美国的本杰明·富兰克林。1727 年，富兰克林在费城成立了一个由年轻人组成的俱乐部，称为共读社。共读社是一个哲学和政治学的文化沙龙，他们互相扶助，共同学习。

我（富兰克林）把我大多数的有才能的朋友组成了一个相互切磋琢磨的社团，我们管它叫作共读社。我们每星期五晚间开会。我起草的章程规定每一位社员须依次提出一两篇研讨道德、政治或自然哲学中任何问题的论文，并在会中讨论，每隔三个月要提出和诵读本人习作一篇，题目任选。我们的辩论由会长主持，而且应当根据诚恳的探求真理的精神，而不是以爱好争辩或是求胜的态度来进行。为了防止激昂的情绪，一切肯定意见的表达和直接的抗辩过了一些时候就成为非法了，违者处以小额罚金。

……

我们的友谊毕生从未间断，先后有四十多年的时间。这个社团差

不多也继续了那么多年，是当时在宾夕法尼亚的最优秀的哲学和政治学学派。由于我们在讨论前的一个星期先把论文在会上宣读一遍，这就使得我们在阅读时能够细心注意到不同的题目，这使我们在讨论时更能讲得剀切中肯。在这会里我们也培养谈话时的良好习惯。在我们的会章中我们拟订了一切可以防止相互冲突的办法，因为这样，我们的社团才能够长期存在。

——《富兰克林传》［美］沃尔特·艾萨克森

在共同学习的过程中，你能得到比你想象更多的东西。能成就高手的团队首先需要有明确的宗旨，以吸引真正能够共同讨论、一起提高的人，同时需要有好的规则和灵魂人物。顺便附上共读社的社规：

（其中8、9、10、11、13、18、19遗失）

1. 在你新近读到的书中，你觉得有什么知识或有什么人写的书值得评论或向共读社推荐的吗？

2. 最近你是否听到了什么新故事适合与大家分享？

3. 最近你是否听说哪个人经商失败？你知道是什么原因吗？

4. 最近你是否发现某些人发展得不错？他用了哪些方法？

5. 最近你是否听说了本地或外地的有钱人发家致富的方法？

6. 最近你是否发现有些人做了值得表扬和学习的事？或有谁犯了需要我们注意、避免的错误？

7. 最近你观察到或听说过哪些由于酗酒、轻率、冲动或其他什么恶行或蠢行而引起的不幸吗？

12. 自上次开会以来，你听说了有哪些值得帮助的外地人来到城里吗？据你听到或看到的，他的品行或事迹如何？你认为共读社能否按他所应得的那样去帮助或鼓励他？

14. 最近你是否发现你所在地的法律有什么缺陷？如何才能完善？

15. 最近你是否发现侵犯公民自由的行为？

16. 最近有人对你的名誉进行攻讦吗？共读社能做些什么来捍卫你的名誉？

17. 你想得到什么人的友谊而共读社或其中哪一名成员能帮助你吗？

20. 以什么样的方式，共读社或其任何成员能对你的任何光明正大的计划进行援助？

——《富兰克林传》［美］沃尔特·艾萨克森

黄金法则六：在工作的情境中练习，成为高手

要想学习有效，就必须进入情境，将所学到的融入具体的工作情境之中去才是最好的方法。

例如，你是个大众4S店的销售员，要取得更好的业绩，要成为销售高手，就得把上面的五个方法一一用在你的销售情境里：

（1）找个销售冠军来当你的导师。研究他的销售过程，然后请他观摩你的销售过程，给你反馈。

（2）找到你的难点。例如，你可能会发现你的难点是不会察言观色，很难掌握客户的心理动态，这就需要学习相关理论和技巧。

（3）每次练一个技巧。仔细地去观察客户，然后把某个学到的技巧直接用在客户身上。

（4）一遍遍重复。在你不熟悉的领域，使用你不熟悉的技巧，不断地实践。

（5）找一个高水平的同业论坛，结识一批 4S 店销售高手。在论坛里面持续交流，不但看别人的文章，自己也要多写一些心得。

在 4S 店的简单情境里，3 个月的刻意练习就可以让你崭露头角。坚持一年，销售冠军的梦想也许就会成为现实。

知识与技能之间的区别，是传统的练习方法与刻意练习方法之间的核心差别。我们过于重视知识的作用，从小学到大学，不停地学习各种知识，但从不关注是否能用上。以至于我国的大学生乃至研究生在踏上工作岗位后，有很长时间完全无法适应工作。因为他们只学过知识（甚至只了解信息，尚未形成知识），没有学过技能。

刻意练习完全相反，它只聚焦于绩效和表现，以及怎样提高绩效和表现。所以它是最适合于职业训练的方法。做一个汽车销售高手，需要的是卖车的技能而不只是了解销售方法和背诵汽车性能列表，所以在情境中练习是必然的。

需要注意的是，我们一旦进入情境，就会很快忘掉我们在刻意练习中要求的一切。例如，你和教练一起练了三个月乒乓球，掌握了一些基本的知识技巧，然后觉得可以出师了，后面只要不断地实战，日积月累就能成为高手。但与此相反，一年以后你发现自己的乒乓球水平不但没提高，与出师的时候相比，水平反而下降了。为什么呢？因为一进入情境，你就容易把新学到的诀窍抛在脑后，而是用自己在舒适区的技巧来应对挑战。你不再注意难点和重点、不再关注自己为什么犯错⋯⋯真正的提高，没有你想象中的那么容易，它必须要把刻意练习的心法融入情境之中。

你没有成为高手是不科学的

人类的优势在于我们是唯一研究自己的物种。我们认知世界的能力非常强大。同时，我们的身体和大脑的适应能力也是非常强大的。

如果你在 20 多岁的时候身体相对健康，而且是男性，你也许能做 40 个或 50 个俯卧撑；如果你能做 100 个，你的朋友可能对你刮目相看，而且，如果他们和你打了赌，那他们毫无疑问会输。那么，根据上面的这些信息，你认为俯卧撑的世界纪录会是多少个？500 个还是 1 000 个？1980 年，一位日本人创下了连续做 10 507 个俯卧撑的纪录。在此之后，吉尼斯世界纪录不再接受人们提交的纪录申请，转而接受在 24 小时之内做完的最多次数俯卧撑的纪录。1993 年，一位美国人在 21 小时 21 分钟之内做完了 46 001 个俯卧撑，这一纪录当前仍然没有被打破。

——《刻意练习：如何从新手到大师》
［美］安德斯·艾利克森、罗伯特·普尔

这样看起来，你没有成为高手是不科学的。

我们拥有自己从来没有意识到的强大力量，这种力量足以改变我们的生活、工作乃至一切。为什么我们没有做到？

也许，这和人类曾经作为低认知动物中的一员有关——我们的大脑也遵循懒惰的认知准则：能不用就不用，该用脑时也不用。

人人都是认知吝啬鬼，这和智商高低可真没关系。

总结一下，刻意练习是挖掘人类潜力的新学习方式，这个世界上没有天才，只要通过刻意练习，有目标，有专注，有正反馈，不断走出舒适区，再通过高强度的重复练习形成大脑回路，你一样可以成为鹤立鸡群的高手，让人生充满各种可能。

试一试你行不行：突破"基因"限制

每个成年人（甚至小孩子）都有关于自己的一系列说法：

——我不适合上台演讲，人一多我讲话就有障碍。

——我看见数学公式就头疼。

——我天生五音不全，唱歌总会跑调。

——我手可笨了，换个灯泡都换不好。

——我在陌生人面前说话结巴。

这些说法是我们的"老朋友"了，我们认为自己受到基因的限制，和其他人相比我们缺乏这些能力。在日常生活中，我们经常告诉自己"我不能……"或"我不是……"。但是，正如我们在本章中已经了解到的，在任何一个人们选择着重发展的行业或领域之中，你都可以通过刻意练习来帮助自己大幅度提高。

你挑一个自己不擅长的小领域，来演绎你一下并不擅长的人生，如何？

（1）给自己定个小目标（如唱三首歌完全不跑调）。

（2）每天给自己一个小时专注练习你不擅长的事。

（3）找一个朋友给你提供反馈。

（4）忍住不舒服的感觉（感到不舒服就对了）。

（5）每周找一天高强度重复练习。

两周以后，看看你有哪些变化？

chapter four

第四章
用黄金思维圈发现元认知

惯性思维怎样，心智就会怎样，因为你的灵魂已经被思想浸染。

——《沉思录》［古罗马］马可·奥勒留

外面暴风雨的喧嚣更猛烈了。风雨声中，突然传来了一阵"隆轰隆"的声音——这是山洪从河道里涌下来了。

足足有一刻钟，这个灯光摇晃的土窑洞失去了任何生气，三个人都陷入难受和痛苦中。

这个打击对这个家庭来说显然是严重的，对于高加林来说，他高中毕业没有考上大学，已经受了很大的精神创伤。亏得这三年教书，他既不要参加繁重的体力劳动，又有时间继续学习，对他喜爱的文科深入钻研。他最近在地区报上已经发表过两三篇诗歌和散文，全是这段时间苦钻苦熬的结果。现在这一切都结束了，他将不得不像父亲一样开始自己的农民生涯。他虽然没有认真地在土地上劳动过，但他是农民的儿子，知道在这贫瘠的山区当个农民意味着什么，农民啊，他们那全部伟大的艰辛他都一清二楚！他虽然从来也没鄙视过任何一个农民，但他自己从来都没有当农民的精神准备！不必隐瞒，他十几岁拼命读书，就是为了不像他父亲一样一辈子当土地的主人（或者按他的另一种说法是奴隶）。虽然这几年当民办教师，但这个职业对他来说还是充满希望的。几年以后，通过考试，他或许会转为正式的国家教师。到那时，他再努力，争取做他认为更好的工作。可是现在，他所抱有的幻想和希望彻底破灭了。此刻，他躺在这里，脸在被角下面痛苦地抽搐着，一只手狠狠地揪着自己的头发。

对于高玉德老两口子来说，今晚上这不幸的消息就像谁在他们的头上敲了一棍。他们首先心疼自己的独生子：他从小娇生惯养，没受过苦，嫩皮嫩肉的，往后漫长的艰苦劳动怎能熬下去呀！再说，加林这几年教书，挣的全劳力工分，他们一家三口的日子过得并不紧巴。要是儿子不教书了，又不习惯劳动，他们往后的日子肯定不好过。他们老两口都老了，再不像往年，只靠四只手在地里刨挖，也能供养儿子上学"求功名"，想到所有这些可怕的后果，他们又难受，又恐慌。……高玉德老汉终于忍不住哭出声来，两行浑浊的老泪在皱纹脸上淌下来，流进了下巴上那一撮白胡子中间……

——《人生》 路遥

人一生的进程总在被各种事物阻碍，这些阻碍形成了形形色色的烦恼。按照佛家的说法就是生老病死、爱别离、怨憎会、求不得、五蕴炽。

——要不要分手？
——要不要辞职？
——房价还在涨，是买房还是创业？
——女神喜欢别人，我怎么办？
——办公室的那小子仗着有关系老欺负我，真是不爽！
——父亲生病了正在做检查，心很乱不知道怎么办。

这些烦恼有没有好的办法解决呢？

这些烦恼和我们认知世界的方式及思维惯性有关。本章介绍的黄金思维圈是我迄今见过的最简单、最好用、印象最深的思维模型。黄金思维圈无法根除你的烦恼，但它的确可以改变你心中的世界，让你的部分烦恼得以解脱。

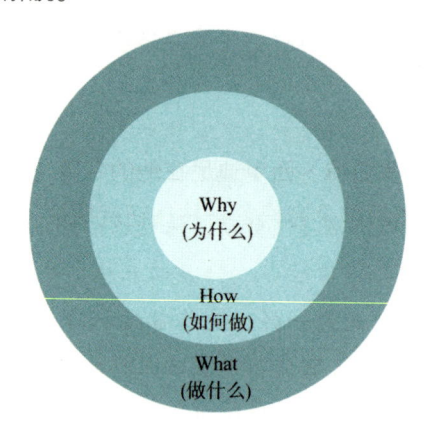

图 4-1　黄金思维圈

先介绍一下这个黄金思维圈。它非常简单，就是"一个W，一个H，再来一个W"，如图4-1所示。当一件事情摆在面前的时候，先问"Why"：我为什么要做这件事？然后再问"How"：我要如何做这件事？最后是"What"：我要将这件事做成什么样？该方法出自作家西蒙·斯涅克的著作《*Star with Why: How Great Leaders Inspire Everyone to Take Action*》，但斯涅克在TED大会上关于黄金思维圈的演讲已经风靡全球。

"一个W，一个H，再来一个W"就是黄金思维圈的全部内容，这时候估计得有人问：这么简单的思维模式还需要说吗，我平时就这么解决问题。

如果你不知道黄金思维圈，并且在没有刻意练习的情况下已经形成了这种思维模式，那你真的很了不起。这种情况极其罕见，原因在于，人类的思考模式实际上被自己的基因限制住了。

被基因限制住的思考模式

人类都是录音机，一按按钮就播放

美国心理学家罗伯特·西奥迪尼在他的名著《影响力》里面说过这么一句话："人类都是录音机，一按按钮就播放。"书里面举了火鸡的例子：

雌火鸡和大部分妈妈一样，是非常称职的，它充满关爱，警惕性高，全心保护小火鸡。它会花很多时间照料小火鸡，做好保暖和清洁工作，又把孩子收拢在身子底下。但很奇怪的是，火鸡妈妈做这一切，都必须依靠小火鸡的"叽叽"声。如果一只小火鸡发出"叽叽"声，火鸡妈妈就会照料它，如果没有，火鸡妈妈根本就不会注意它，有时甚至会误杀它。动物学家 M.W·福克斯做了一个实验。实验用到一只火鸡妈妈和一个臭鼬充气玩具。臭鼬是火鸡的天敌，只要它出现，火鸡就会嘎嘎大叫，猛烈攻击。但如果，在臭鼬出现时，立即用录音机播放"叽叽"声，火鸡妈妈立即由"女战士"转为母爱爆棚的好妈妈，它会将臭鼬收拢到自己的翅膀下，好好爱护。录音机一关，好妈妈又立即变成女战士，猛烈攻击臭鼬玩具了。是不是很有趣？

——《影响力》［美］罗伯特·西奥迪尼

录音机，指的是条件反射，一遇到某一个场景，就开始重复同样的行为。但那是火鸡啊，人怎么会跟其他动物一样呢？

仔细一想这件事情并不值得惊讶，我们其实总是在重复自己的行为。以网购为例，你的购买行为总是重复播放，买东西的模式不断重复。例如，"双十一"促销，买一堆没用的东西，然后开始懊恼，扔掉一部分，后悔，但下一个"双十一"继续购买。

短周期播放和长周期播放

再举一个常见的例子——夫妻吵架。有的夫妻感情很好,但却经常吵架而且一吵架就停不下来,为什么?

多半是两个人一进入吵架状态,就触发了录音机按键模式:女方一生气就希望对方来哄自己;男方一生气就首先告诉自己要冷静,要控制,要沉默。结果是女方越生气,男方越沉默,女方一定要逼男方说话,最后男方实在忍不住就开始提高声调,女方先茫然后怒不可遏——吵架升级。这就是一个馒头引发的血案,其原因主要是双方不了解按钮按下以后对方的播放程序(洞穴模式和深井模式,可以参考约翰·格雷的《男人来自火星,女人来自金星》)。

以上的例子是短周期播放,冲动是在"不过脑子"的一瞬间发生的。遇到场景就开始重复播放。

还有长周期播放,身边比较常见的例子是减肥,无论男女都是一样,先发愿,然后制订严谨的计划,开始实施计划。有一个朋友告诉我,他的减肥周期都是三周。第一周严格按照计划完成,然后每天坚持锻炼且少吃饭,但每到周五晚上他习惯犒劳自己一下——这一周都这么辛苦了,就吃一顿好的吧,但吃完了之后就后悔,周末总是在后悔中度过。第二周的周一继续这个计划,也坚持得比较好,到了周五又忍不住犒劳自己,接下来又在后悔中度过。第三周开始计划就坚持得不是太好了,周五在大吃一顿之后经过激烈的思想斗争,决定停止减肥。

还有更长周期的播放。工作两年后突然某晚睡不着了,披衣中夜起坐,问问自己工作两年到底干了些什么?自己每天都在忙,但究竟有什么成绩,真正的价值到底在哪里?感觉心情惶恐,未来一片灰暗。工作五年后的某晚,与三年前一样睡不着,内心的思绪完全相同，都觉得自己不知道忙了些什么，看不清楚未来究竟应该如何。

在我们的身体中埋着"自动化思维"的基因。诺贝尔奖的获得者丹尼尔·卡尼曼说，这种思维模式凭借我们过往的直觉和经验，不需要运用我们的理性思维去思考。人类的本能是节省能量（过去数万年以来，人类必须要节省能量才能生存下来），不经过思考直接做决策，这是最节省大脑能量的方式。这时候的大脑处于自动驾驶状态，用自己最舒服、最直接的方式进行输出，不要思考、计算等耗费能量的行为。为什么多数人在思维这个问题上都犯懒，懒得想、懒得问、懒得与现实结合、懒得去思考问题。这是和我们的生存本能息息相关的。

我们需要摆脱自己的基因限制，避开"一按按钮就播放"的循环，更多地用理性思维思考，提高大脑运转速度，这样不见得会让你快乐，但唯有如此，才能够获得真正的成长。

跳出"第一反应"

在我们的大脑里面有某个回路，或者形成了某个习惯，这个习惯在我们无意识之中，一遇到相似的情景，我们就会采取相应的行动。这些行动没有经过大脑认真思索，或者说没有经过理性思维，它是一个不假思索后的输出。

我们想要改变这些输出，首先要知道这些回路、习惯是怎么形成的。

美国心理学家阿尔伯特·班杜拉提出，人的观察与学习都是在个体、环境、行为三者之间相互作用下发生的，也就是说，人会观察身边的环境、别人的行为，感受社会主流价值观，然后再与本人的经历结合之后做出决策。

一般来讲，你会看一下别人是怎么做的，然后在心中曲曲折折、拐来拐去形成一套回路，不管这个回路多么复杂，只要回路已经形成，当"回路源头"的情景出现，你就会不假思索地做出"回路末尾"的那个动作——这是一个标准的"回路系统"，你的大部分决策都是它替你做出。

有两个姑娘是做窗口服务工作的，在通顶玻璃柜台后面，俩姑娘一左一右，干的是同样的窗口服务工作，但她们工作中的状态和处理问题的方法却不太一样。

左边窗口，一位顾客递了一份材料进去，因为材料不全，A姑娘就给扔回来，说这个少了某些材料，需拿回去补。结果对方开始激动起来，说："我准备材料用了很长时间，家里又离得远，你就帮个忙行不行？"A姑娘当然不同意，这位顾客开始发怒，说A姑娘不通情理，双方连吵带闹都气得不得了。A姑娘一脑门子官司地去吃饭，气鼓鼓地吃不下去，并且向同事抱怨起来。

右边窗口是B姑娘，她也碰见类似的一件事，顾客开始发飙，但B姑娘不着急，慢慢地跟那位顾客说："您先别急，我看看，能不能想个办法帮您解决一下。我们是有规定的，这些规定我肯定绕不过去，我找找领导，也看您有什么别的办法没有？"顾客听到这些话，火气就消了点，双方开始交流，后来发现实在没办法，顾客不但不发火了，还对B姑娘表示感谢。B姑娘中午吃饭很高兴，跟别人讲述了这件事，并且表示运用了自己从书上看到的方法，觉得很有意思。

两个姑娘为什么表现得不太一样？A姑娘是遇见那位顾客生气了之后，自己也不高兴，顾客开始大闹，她更加气愤。B姑娘则很有耐心，慢慢解释，抚慰对方的情绪，让这位顾客可以心平气和地离开。那为什么会这样？这两个人的回路是怎么形成的？

我们可以假设一下，这两个姑娘身边的环境和习惯不同。A姑娘喜欢看网络言情小说，看得非常入迷，看得多了就会被书里的情境代入，一些不切实际的情节就容易被投射到现实生活里，生活总是提不起劲，对于顾客的大吵大闹自然不耐烦。

B姑娘喜欢看美国心理学家西奥迪尼的《影响力》，《影响力》这本书里面说得很清楚，这位顾客就属于一按按钮就播放，一看事情办不成就发火，脑子不假思索，纯粹按照自己的第一反应来。看的书得到验证了，B姑娘很高兴。然后书里面还教她怎么处理这种情况——让他用第二反应和自己对话，成功地把对方的情绪安抚下来。B姑娘觉得，心理学很有意思，学有所用很高兴。

说到这里，你会知道我们的"第一反应回路"是怎么形成的，它和我们所处的社会大环境及身边的小环境都有关系。

你开始走上工作岗位了，工作不太开心，为什么？你的第一反应告诉自己：这工作你不喜欢，因为工资不高，而且一见到公司领导就浑身不舒服。问问身边朋友，朋友劝你换一个工作。但第二个工作又是这样，有一个同事特别讨厌，而且工作了一段没升职也没加薪，怎么办？是不是还要继续换工作？

这个时候我们要沉下心来，别着急。第一步是承认自己有问题。第二步是跳出第一反应，用第二反应或第三反应来看你的工作。这时，你可能会获得不同的观点。

Q：为什么会看到领导不舒服呢？
A：也许是领导总批评自己不够努力吧。
Q：你自己是否不够努力？
A：也许自己真的不够努力。

Q：领导和同事身上是否有你值得学的东西？
A：有不少值得学的，领导的业务能力真的很强。
Q：从自己的职业规划角度看你的工作是否合适？
A：这个工作完全符合自己的职业规划，至少应干满三年再换工作。

为了跳出自己的"第一反应"，我们要做好两个方面的事情：

（1）改造自己身边的小环境。每一个人的回路形成都跟我们身边的环境有关，但是我们控制不了这个社会，也控制不了身边的大环境，不过我们可以影响身边的小环境。例如，你看什么书、交什么样的朋友、上什么样的网站、坚持什么样的生活规律等。

（2）避免让回路系统来做决策。办法是先放空自己，承认自己可能是错的，然后跳出自己的第一反应，看看你能否获得一些新的观点。

最重要的事情都藏在你看不见的地方，往往是在第二反应、第三反应发生之后才能看得见它。问题在于，跳出自己的第一反应很难做到。这个时候，我们需要黄金思维圈这个心智核武器。

发现"Why"的力量——心智核武器

当我们看到眼前发生的一件事情后，习惯性地先描述这是什么事情，同脑中回路一结合，就迅速决策怎么做，即黄金思维圈里面的"What"——我要把事情做成什么样。

作为心智核武器的黄金思维圈，只是在以上正常思维惯性基础上加上了一个 Why，加一个 How。

办公室有两个秘书，一般都是总经理给她们直接指派工作。这天，总经理给两个办公室秘书布置工作：去给某客户打个电话，问其哪天过来考察。

秘书 A 一会儿就向总经理汇报工作情况："客户说他们周三来考察。"总经理继续问："周三上午还是下午？要不要去接？"A 秘书就张口结舌地说："电话里没问，我一会儿再去打个电话。"

过了 15 分钟左右，秘书 B 过来汇报说："我给客户的副总经理赵总打了电话，赵总说他们周三下午 3：00 坐高铁到，一共 5 个人，三男二女，带队的人是××总监，我已经跟车队打好招呼，让他们准备车辆去接。另外向您请示一下，是否他们到了之后直接安排到公司，请对口的市场部接待，您也安排时间参与会见？晚上我定了在××饭店吃饭，您看合适吗？还有让他们住××五星级酒店行不行？这几点请您确认一下。"

如果办公室有个副主任的空缺，那这两个秘书哪个人升职，一目了然。原因很简单，秘书 B 多问了自己一个为什么：为什么领导让我打这个电话？

是因为他想把客户接待这件事安排好。

至于什么是客户接待，当然是会议、用车、用餐、住宿这些事情了，一个"Why"就发现了完全不同的天地。秘书 A 没问自己这个"Why"，她就只能机械地打电话，然后向领导汇报。秘书 B 呢，通过"Why"发现了领导的意图，然后很轻松地用"How"搞定了剩下的事情，自然工作非常出彩。

不要觉得事情如此简单，因为人类的基因里面有这个按钮，一按按钮就按照第一反应播放，黄金思维圈只是在按第一反应播放之前加了一个"Why"，效果简直爆棚。

用"How"来搞定真问题

我自己有家咨询公司，一直在为企业做咨询工作。在多年的咨询工作之后，我发现一个规律——你不能完全按照客户的要求进行研究和建议。

一般咨询工作，就是满足客户提出的需求，客户需要研究一下为什么招聘不到人，有什么好办法。咨询顾问就开始研究目前客户的招聘方法有什么问题，招聘流程有什么瑕疵，帮助找猎头等。

但在大量实践之后我发现，大多数需要解决的问题和客户提出的问题并不一致。

例如，招聘不到人，是因为企业的情况和招聘的人才对不上，人才自然不愿来，并且也留不住。为什么企业情况和招聘的人才对不上？例如，企业认为只有211毕业的大学生才是人才，才能作为后备干部。而实际情况是211毕业生来了很难融入企业，即使来了，没过多久就会离开。真正实打实干，从下面成长起来，对企业有感情的干部要么是普通大学毕业的，要么甚至仅有职高学历。所以真正的问题不是招聘问题，而是企业的人才观出了问题。

换句话说，你眼前看到的问题并非是真问题。而只有找到真问题，企业才能进步。

找真问题这一招在工作和生活中都很管用。我们可以用黄金思维圈去思考每一个表面问题背后的真问题。这个逻辑分为三步：第一步是表面的问题，第二步是背后的问题，第三步就是真正的问题。在这个过程中，我们需要问一个"Why"和一个"How"。

朋友说要辞职，让你给他出个主意。这时候你首先要做的不是告诉他"你的工作多好啊，可不要辞职"，而是试着去找真问题，你可以用"Why+How"来试一试。

　　Why：你为什么要辞职？

　　A：上司太烦了，总是批评我，看到他就头疼。

　　Why：你一定要辞职吗？

　　A：也不确定，如果能解决好沟通的问题就行。

　　How：我需要怎么帮你呢？

　　A：你能不能跟我说说你跟你的上司是怎么沟通的，最好今天你就跟我说几招，我回去试试。

　　这个逻辑对销售也很有帮助。如果你是个卖吸尘器的销售，客户跟你说："你卖得太贵了。"很多销售这时候第一反应是告诉客户"我们卖得才不贵呢，因为……"结果一定是不欢而散。

　　你用"Why+How"再试试：

　　Why：您为什么觉得我们吸尘器卖得贵呢？

　　A：那边也有一家卖吸尘器的，虽然质量不如你，但价格便宜好几百元呢。

　　How：您看我需要怎么帮您呢？

　　A：你能否给我打个大折扣？

　　原来真问题是"客户想要一个合适的折扣"，几轮"Why+How"下来，结果必然是成交，皆大欢喜。

　　当真问题确定之后，要围绕"How"下功夫。黄金思维圈强调要放开思维，多问自己到底怎么做才能做好。给你介绍一个思维方法叫杠杆思维，找到支点撬动思维，可以和黄金思维圈里面的"How"无缝链接。

　　有一个女孩子，她花了五六年的时间积攒了10万元钱，想开一个酒吧。请你设想她应该怎么做。按照正常思维，她应该准备租场地，搞装修，然后开业，但事实上我们看到很多人都是这么做的，也看到很多店就是这么倒闭的。

那如何才能做到开业零风险呢？

多问自己几个"How"，也多找人问几个"How"。

有一个回答可以借力，即可以用杠杆思维借助别人的力量来帮助她达成成功。

怎么借力呢？

可以去找城里面最成功的那家酒吧，如去北京三里屯的Tony's workshop，然后跟老板说："我看你的酒吧非常成功，我也想开一家，不过准备在沈阳开，不会跟你有竞争。我帮你打工三个月，一分钱都不要，但是你要让我接触到酒吧的整个经营环节，同时你要无私地告诉我你成功的诀窍，三个月后我去沈阳开店，我将请你做我酒吧的顾问。如果你愿意，我可以把第一年的全部利润都给你。咱们可以签个合同。"

在这种情况下，酒吧老板很少有不愿意的。三个月之后，开酒吧的这套猫腻你就基本清楚了，而且老板也许会把他进货的相关人脉都告诉你。你再去开店，还有搞不定的吗？

掌握黄金思维圈，发现元认知

通过前文的阅读，你是不是觉得已经掌握了黄金思维圈，就是用好"Why+How"，并不复杂。

实际上多数人都低估了这个方法。如果我们能够克服自己的基因障碍，多问几个为什么的话，我们很有可能会发现自己的元认知。

简单地说，元认知就是认知自己的认知过程。有点绕，先解释一下认知的概念。认知是我们的大脑接受外界信息之后形成的概念和知识。所谓一千个人心中有一千个"哈姆雷特",就是说对同样一个事物,每个人的认知都会有差异。每个人的认知方法都由自我经验和经历而来,打着个人的烙印。

打个比方,外部世界就像一个光源,我们的认知模式就像形状类似的模块(之所以类似,是因为人都是由眼、耳、鼻、舌、身、意来感知外界),但由于投影的角度不同,投在幕布上的样子千差万别,如图 4-2 所示。"盲人摸象"是正常人"有限理性"[一]的体现。

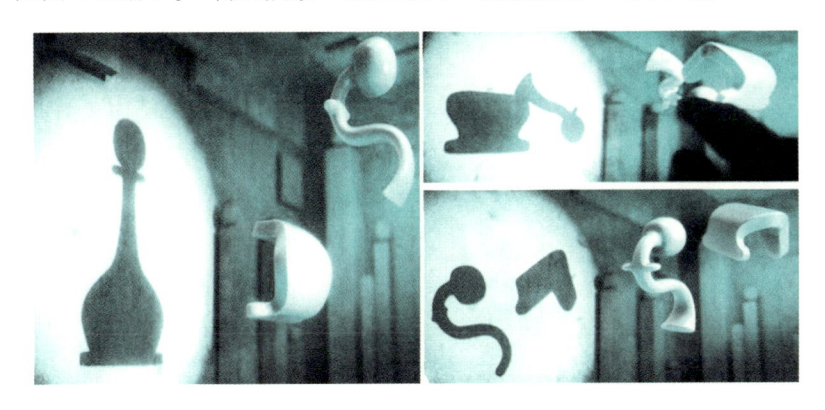

图 4-2 相同形状的不同投影

那么什么是元认知呢?假想一下,你突然灵魂出窍,从空中俯瞰,看到了自身认知(投影)的过程,一瞬间,你对自身的认知模式有了认知,这种认知就是元认知。

[一] 有限理性是由管理学学者赫伯特·西蒙提出的,他从决策的角度思考这个概念。由于人的知识有限,决策者既不可能掌握全部信息,也无法认识决策的详尽规律。因此,作为决策者的个体,其有限理性限制他做出完全理性的决策,他只能尽力追求在他的能力范围内的有限理性。

某佛系青年的行为模式是低投入（低感情、低热情、低金钱），低伤害，同时也没有太多乐趣，所以得失无所谓，认为人生就这么回事，不值得投入。

当某一瞬间，这个佛系青年突破了基因的障碍，发现了自己就像录音机一样，按照第一反应不断循环播放以上的过程。他非常惊讶，多问了一个"Why"："为什么我会这样？"

当他回溯自己的经历，从内心深处撕开已经结痂的伤口。或者他看到五年前投入极大热情的一段初恋无疾而终；或者三年前在最爱的游戏中被敌人虐得欲仙欲死；或者被无脑的老板揉搓得欲哭无泪。他知道，自己害怕再次失败。所谓佛系面具只是掩盖在恐惧之上的一层薄纱。

在很多名人传记中，都有在一刹那获得元认知，大彻大悟的感受，这一刹那，泪珠滚滚而下，你发现了元认知，世界在你面前重新展开。

"江山易改，本性难移"，本性指的就是我们的认知模式，可见改变认知很难。对自己和他人认知过程进行思考，会帮助你从问题中抽离出来，以一种旁观者的角度重新审视。了解到这一点，你才能对世事洞若观火，一剑封喉。而黄金思维圈是从工作和生活中获得元认知，修正我们的认知模式的最佳方法。

老板给你布置了一个任务：
Why：他为什么会给你布置这个任务？
How：这个任务怎么做才专业？有什么可以借力的地方？
What：任务要做到什么程度，才能让老板和同事都满意呢？
除此之外，还可以再多问几个问题：
Why：我为什么会这样理解这个任务？
Q：是什么在影响我理解这个任务？
Q：如果是××，他会怎么理解这个任务？

Q：老板一般都给大家布置什么样的任务呢？他布置任务的模式是什么？

Q：老板背后的认知模式是什么？

元认知这种思维方式之所以难得，因为它是反直觉的，和人类的基因相悖。但是，它可以帮助你有效地解决学习效率、人际关系、工作成绩、生活质量等重要问题——成功的原因往往不是你比其他人更努力，你只是拥有比别人更正确的认知模式。

试一试你行不行：学会和自己对话，发现元认知

请问，你有几个自己？

问题很奇怪，但是当你认识到以下事实的时候，也许你就明白了。

（1）当某一情境出现，你立即会按照"反馈回路"做出反应。或者是怒不可遏，或者是沮丧不已。

（2）思维惯性远远大于行为惯性，许多事情完全不经过你的理性思维，反复出现，在你没有意识到的情况下控制你的行为。

所以，你有三个自己。第一个是被基因所控制的自己，按照思维惯性指挥自己的行为；第二个则是意识中的自己，希望理智地决定自己的行为；第三个则是来自"心声"的自己，它代表着你自己的元认知觉察。

人类心智区别于其他动物的另一个与众不同的特征就是"心声"。心声是将行为中的元认知觉察标注出来的通常做法。当我们检验自己的思维过程进行到哪一步的时候，检测者会听到一种来源于自身的声音。尽管这种声音是我们自己发出的，但是它更像是一位冷静的旁观

者做出的论断。大多数人都体验过这样的心声，当你决定去做某件事情的时候，"去做吧""千万不要这样做"，类似的声音冷不丁地会回响在你的耳畔。

——《元认知：改变大脑的顽固思维》[美]大卫·迪绍夫

试一试，在今后的两周时间里和自己对话。

如果工作生活中碰到让你生气（情绪波动）的事情，在爆发之前停顿几秒钟，问自己几个问题：

（1）我为什么会对这件事情生气？生气的原因究竟是什么？

（2）我的第一感要怎么做？为什么我会这么做？

（3）我是否有必要为此生气？

不管这件让你生气的事情如何处理，回家之后拿出15分钟"和自己对话"（这个过程最好在你精力充沛、头脑清醒的时候完成，而不是神困思倦的时间段完成）：

（1）我以前碰上过类似的事情吗？

（2）每次我都是怎么处理的？

（3）我是不是已经形成了一个固定的处理模式？

（4）为什么我会形成这种处理模式？

（5）以后我应该怎么做？

可以把这些问题写下来，把自己的思考过程也写下来，做一个"思考档案"。两周过去之后，看看你是不是能和自己的"心声"相遇。

chapter five

第五章
使用番茄工作法，让产出翻倍

你只能做你想做的，而不能要你想要的。

——［德］亚瑟·叔本华

拖延症的本质

拖延症一般不是因为懒惰而产生的。心理学研究结果显示，人普遍有一种"现时偏向型偏好"的倾向，简单来说就是：有些危害在眼前看起来并不可怕；有些好处，在眼前看起来并不美好。例如，现在全球公认对人体危害较大的习惯就是抽烟，谁都知道抽烟对肺和身体机能都没好处，可是真正戒烟又有几个人能做到？

今朝有酒今朝醉，明日愁来明日愁。

——《自遣》（唐）罗隐

先把眼前这点酒干了，明天愁明天再说；先把游戏打了，作业晚点再说；先把电视剧追了，稿子明早再写；先把蛋糕吃了，减肥计划明天再定。

晚唐罗隐的这句诗几乎成了及时行乐和拖延症的最佳写照。

罗隐当年考了十多次科举没考上，史称"十上不第"，所以他的诗文之作基本上要么是讥讽时弊，要么就是逃避现实。但罗隐此人不但不懒，还很勤快，一生著述颇丰，在历史上留下不少名文佳句，如"时来天地皆同力，运去英雄不自由"等。如果说罗隐有拖延症的话，逃避现实才是拖延症背后的本质原因。

细究"逃避现实",无非是以下两点:

(1)现实太过残酷,无奈啊无奈,于是自甘沉沦。罗隐文名虽高,可掌权派就是看不上他,实在无可奈何,只能纵情美酒及时行乐。

(2)事情复杂或对结果要求高,担心自己达不到。这类情况又分为以下三种。

情况A:害怕目标完成不好,潜意识就不敢去做

每个人都会在社会中确认自己存在的意义,如果发现目标可能完成不好,人在本能中就会刻意躲避,不敢去做。

害怕失败的人可能有一套他们自己的假设。这些假设,把为成就而奋斗,变成了一件令人恐惧的、冒险的事情。这些假设是:

(1)我做的事情直接反映了我的能力。

(2)我的能力水平决定了我作为一个人所具有的价值——也就是说,我的能力越强,我的自我价值感越高。

(3)我做的事情反映了我的个人价值。

比瑞博士用以下等式来表示上述假设:

$$自我价值感=能力=表现$$

事实上,这个等式可以转译为以下声明:"我表现好,表示我很有能力,所以我喜欢自己。"或者"我表现不好,表示我没有能力,所以我对自己感觉很糟。"这已经不仅仅是某件事情你做得好或不好的问题。你的表现好坏直接成了你是否有能力以及你是否有价值的一个衡量标准。

——《拖延心理学》[美]简·博克、莱诺拉·袁

由于恐惧表现不好而遭受伤害,拖延就成了本能。本能是大脑天

生的操作系统，而理智是人类衍生出来的自控系统。在面对本能时，理智往往无法控制自己，所以拖延也是我们的天性之一。例如，你想向女神表白又害怕拒绝——害怕拒绝会给你带来伤害。因此，你本能上就要求自己拖延，于是就一直拖，拖到女神结婚。

情况 B：难以得到及时反馈

写一篇五千字的大稿真难，眼前就有这么多好玩的事情——皇室战争 3 分钟一盘；荒野求生和王者荣耀平均 15 分钟就给你一个强烈反馈；美剧 30 分钟一集，每集都给你惊喜和刺激。还是插个队玩一会儿游戏，或者看一会儿美剧吧。

你在较长时间干一件事情的过程里，很难得到及时反馈。相反，身边有一批可以给你提供反馈和生理激素⊖的游戏、剧集，跟你的正事抢时间，拖延往往都是这么产生的。

人是需要反馈的动物，反馈本来是一个物理学概念，心理学把它拿过来指"及时的评价"，让你干完马上就知道自己干得怎么样。这种及时的回馈能强化动机，让人产生成就感并获得内在奖励。电子游戏之所以好玩，就是因为你动动手指就可立即收到声音和形象的反馈（如果把电子游戏的声音关掉，游戏的可玩性立即大幅下降，你可以试试）。让人沉迷的游戏还有一个特点就是一局耗时短，很短的时间就能告诉你最终结果，给你一个强反馈。

情况 C：任务是别人给的，你内心隐隐抗拒完成这个任务

任务是别人给的，你内心隐隐抗拒完成这个任务，于是你就故意

⊖ 反馈和生理激素之间有密切的联系。例如，人在玩游戏的时候，由于游戏体验使得体内交感神经兴奋不已，促进肾上腺素儿茶酚胺类激素（包括甲状腺素、去甲肾上腺素、多巴胺等激素）的分泌。

给自己制造障碍。20世纪70年代心理学家的发现证明了这点，这是一种叫作"自我妨碍"的自我保护机制。

在面临某项任务时，为避免表现不佳，某人会故意为自己制造障碍。这样一来，如果没有做好，可以这样安慰自己："不是我能力不行，是因为时间不够了。"如果结果还不错，就变成了"看我多棒，就复习了一晚上还能考70分。"——以此来减轻失败带来的心理伤害，因为遇到障碍而失败，总比"我已经尽了全力却还是做不好"要容易接受得多。

实验证明，"自我妨碍"非常普遍，只要是在用成绩、排名或胜负作为结果参照的情境中，就很可能会有人做出各种各样的给自己设置障碍的行为。

那个番茄

拖延能让你苟且偷安，但问题并没有消失。所以，我们开始焦虑，而治疗焦虑的最好办法就是番茄工作法。

强大的番茄工作法很简单，一句话就能说清：

把工作时间切分为完整的25分钟，每个25分钟就叫一个番茄时间，在每个番茄时间之间休息5分钟，每四个番茄时间之间多休息一会儿。

番茄工作法是由拖延症患者，一个叫弗朗西斯科·西里洛的意大利人发明的。西里洛在上大学的时候被拖延症弄得痛苦不堪，发狠要专注学习，哪怕就十分钟，于是在厨房找了一个番茄形状的计时器帮他掐时间。从此，造福千万的番茄学习法出现了，他也过上了没有拖延症的幸福生活。

在25分钟的番茄时间内，关键不在于工作目标是否能实现，而在于这一刻你的注意力都在眼前。你只需关心这段时间的投入，而不必关心任务是否完成。

当番茄时间结束之后，你会获得反馈，获得心理学所谓的内在奖励，我管这个奖励叫"Inner Peace"（内心平和），每当你做完单个番茄时间或一组番茄时间，你的焦虑就会离你而去，获得一段时间的内心平静。为什么它能解决拖延症呢？就是因为它简单又有反馈。你可以为刚才完成的25分钟给自己点个赞，你知道离目标又近了一步，让你立即得到心理和生理的双重反馈，成就感扑面而来，心情大好。番茄工作法之所以火爆流行，和全球的拖延症患者用它治好了自己的顽疾，获得"Inner Peace"（内心平和）直接相关。

番茄工作法我已经用了好几年，在使用过程中发现，番茄工作法好用是好用，可用好并不容易。就是说，只要使用这个方法，你就会觉得有帮助，可是要说它对你有多大帮助，你有时又会挠挠头说它并没有决定性的作用。实话实说，你并没有真正学会使用番茄工作法：

（1）你实践过多长时间的番茄工作法？

（2）你体验过积木成林（有一款相关的App就叫FOREST）的感受吗？

（3）你知道番茄工作法不是一个大筐吗？

（4）你知道自己一天能完成多少个番茄时间吗？

（5）你知道这么一个简单的小方法创造了多少奇迹吗？

扎克伯格的番茄工作法

"脸书"（Facebook）的创始人扎克伯格在Facebook公司内部推广时间管理，其核心就是番茄工作法，他总共用了26张PPT（引用了不少名人的话）介绍时间管理，我把其中认为比较有意思、理念一致的几张介绍给你（图 5-1～图 5-8）。

（1）每天只计划 4~5 小时真正的工作时间。忙碌不代表效率高。

> **Only plan for 4-5 hours of real work per day.**
> （每天只计划4~5小时真正的工作时间。）
>
> **Days always fill up.**
> （一天的工作时间总被占满。）

图 5-1　PPT 1

回顾本书前言部分，人一天的有效工作时间不多，要充分利用这些时间，而不是假装自己非常忙碌。

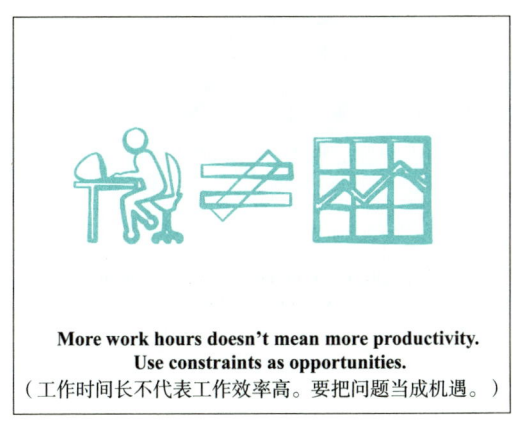

> **More work hours doesn't mean more productivity.**
> **Use constraints as opportunities.**
> （工作时间长不代表工作效率高。要把问题当成机遇。）

图 5-2　PPT 2

（2）停止多任务，它会扼杀你的专注。

图 5-3　PPT 3

（3）我们只能在有限的时间内保持专注和产出。

图 5-4　PPT 4

（4）把大任务划分成小任务。

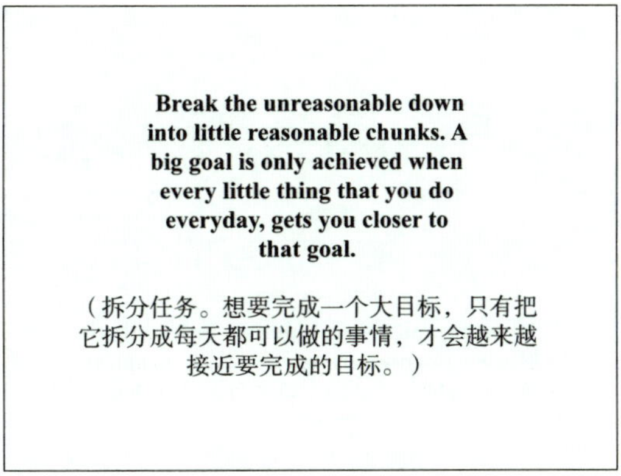

> Break the unreasonable down into little reasonable chunks. A big goal is only achieved when every little thing that you do everyday, gets you closer to that goal.
>
> （拆分任务。想要完成一个大目标，只有把它拆分成每天都可以做的事情，才会越来越接近要完成的目标。）

图 5-5　PPT 5

（5）只去做那件最有影响力的事情。

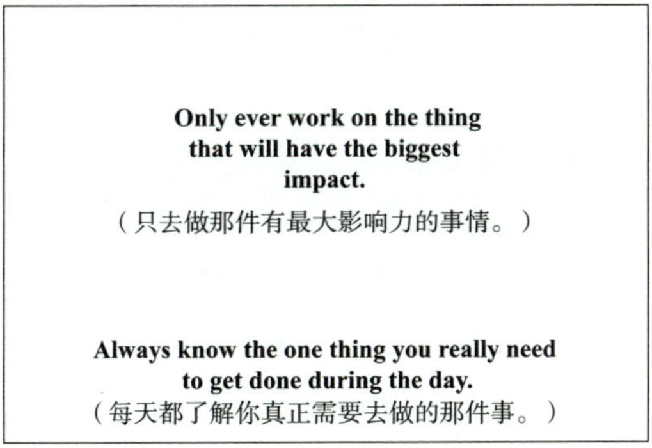

> Only ever work on the thing that will have the biggest impact.
>
> （只去做那件有最大影响力的事情。）
>
> Always know the one thing you really need to get done during the day.
>
> （每天都了解你真正需要去做的那件事。）

图 5-6　PPT 6

（6）用番茄工作法给任务设置里程碑。

　　工作—放松—工作＝高效的番茄工作法。给任务设置里程碑（番茄数量也可以作为里程碑），感觉它就快被搞定了。

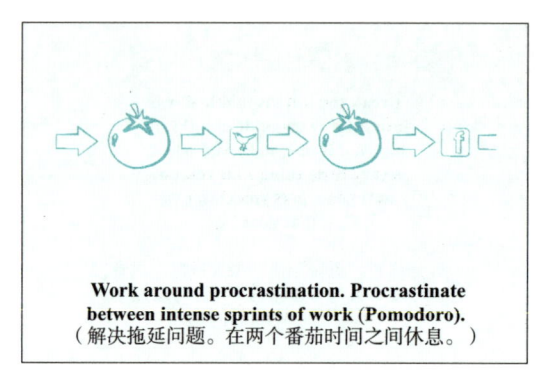

> Work around procrastination. Procrastinate between intense sprints of work (Pomodoro).
> （解决拖延问题。在两个番茄时间之间休息。）

图 5-7　PPT 7

> Break tasks into hour increments. Long tasks are hard to get into; feels like it all needs to get done.
> （把任务按小时分解。长的任务往往很难完成，要像图中一样分解才能被搞定。）

图 5-8　PPT 8

（图片来源：Facebook 创始人马克·扎克伯格"时间管理"讲义）

路线图和狂飙突进

到底怎么样才能用好番茄工作法呢？有两个基本思考的角度，这是用好番茄工作法最重要的前提。

思考之一：知道你要做什么，并制订路线图

用黄金思维圈的方法，反复问自己：

Why：你为什么要去做那件事情？（如果理由不够坚挺，就砍掉这件事。）

How：你怎么去做到？（路径必须清晰有效。）

What：你到底能做到什么程度？（DDL 和目标）

问到最后，你会有一个计划，清晰明确的计划，这个计划是一张路线图：

（1）只做一件事，就是那件对你影响最大的事。

（2）每天在这件事上花至少 4 个番茄时间，但不要超过 16 个番茄时间。

（3）大任务划分成多个小任务，每个小任务都有里程碑和番茄时间的数量。

（4）和做项目一样，每个里程碑完成后都要庆贺一下。

（5）定好 DDL，别让任务无限期持续。

（6）如果计划出问题，有没有补救措施？B 计划是什么？

思考之二：单一任务狂飙突进

很多人对番茄时间理解最大的失误在于，认为番茄时间就像一个大筐，什么杂事都可以往里扔。以我的实践经验看，番茄时间是精要主义最好的朋友，也是"深度"理念最好的朋友，最适合用来处理单一大项目，而非日常杂事。

有一个心法和你分享——单一任务狂飙突进。

在你每天要干的事情里面，一定会有不同的两三个任务，这些任务都需要用到番茄时间，我的建议是不要交叉着做，而是单一任务时间越长越好，这和大脑的特性相关，也更容易进入"心流"的状态。如果可能，甚至一天、一周或一个月的任务就一件，当天、当周或当月的其他事都是琐事。

如果还有重要任务的话，排在第二天、第二周或第二个月，或者再往后排。这种狂飙突进的方法不但让你效率更高，而且让你获得更大的成就感，也许你能就此爱上工作。

三张白纸和四个番茄

用三张白纸做个计划

每天一早做好计划。准备三张纸、一支笔、一个番茄钟。番茄钟就是厨房定时器（网上去买，搜番茄定时器就行）。也可以在计算机上下载一个类似"番茄土豆"这样的辅助软件。

三张纸的内容：

第一张：活动清单。列出最近所有要干的事情，随想随填，不用考虑顺序。一张清单可以用很长时间。干完了的就划掉，有新的就加上。

第二张：今日待办清单。列出今天打算干的事情。每天一张。只有大事用番茄时间，耗时不超过 20 分钟的事情不采用番茄时间。

第三张：记录。在每天结束时记录每项工作花费的番茄数量就行。每完成一个番茄时间就在纸上画个"√"或"×"，或者随你喜欢，画个红心也行。

四个番茄，按组执行和休息

每四个番茄时间为一组，每个之间间隔 5 分钟，一组做完之后，放松一下，休息时间可以长一些。别在休息的 5 分钟内干用脑分神的事情，可以给自己倒杯咖啡，深呼吸，做个伸展，看看窗外就行。

理想的休息，应该是浅睡 5 分钟。我不确定 5 分钟时间可以真的睡着，但你可以训练自己真正地放松。经过几个星期的自我观察和实施一些放松技巧，所取得的成果让我非常满意。我发现，一段高质量的 5 分钟休息可以马上给我足够的能量，以意想不到的轻松开始下一个番茄钟。

问题是，如何迅速进入深度放松状态？我是这样做到的。

（1）找一张舒适的椅子，或者在你办公室有张沙发更好。

（2）休息一开始就闭上眼睛，身体找到最能放松的姿势。让脖子、手臂、腿完全放松。

（3）想象有一台光扫描仪：一条明亮的水平线从头到脚、从上到下缓缓移动。集中注意力在光带所及之处的全部肌肉，让它们进一步放松。尤其注意眼睛，仔细地消除眼部的紧张。

（4）想象有一个白色巨大的矩形轻轻地飘浮在空中，如果它消失了，没关系。这只是一个引子，让你放下对之前番茄钟工作的思考。

（5）当休息完成后，轻轻睁开眼睛，启动番茄钟，专注，前进。

——《番茄工作法图解：简单易行的时间管理方法》

［瑞典］史蒂夫·诺特伯格

还有一种多阶段睡眠法（也叫达·芬奇睡眠法）很神奇，你如果有奇特禀赋的话可以试试，就是在 4 个或 8 个番茄时间之后，用多阶段睡眠法进入 20 分钟的快速眼动睡眠（根据科学家们的研究，我们平时的睡眠，主要分为快速眼动睡眠和非快速眼动睡眠。这两种睡眠交替进行，交替一次的周期大约是 90 分钟。快速眼动睡眠的休息效果非常好），睡 20 分钟后起来继续工作。

多说一句，我采用的是表 5-1 中的 6.3 小时两次睡眠法，你可以根据自己的情况自行分配睡眠时间。

表 5-1　睡眠时间分配方法

名称	总睡眠时间	睡眠时间分配方式	每日总睡眠时间占比	每日节省时间
单次	8 小时	8 小时睡眠	33.3%	—
两次	7 小时	2 次 3.5 小时睡眠	29.2%	1 小时
两次（90 分钟午睡）	6.5 小时	5 小时睡眠 +90 分钟午睡	27%	1.5 小时
两次（20 分钟午睡）	6.3 小时	6 小时睡眠 +20 分钟午睡	26.4%	1.7 小时
三相睡眠	4.5 小时	3 次 1.5 小时睡眠（每 8 小时）	18.8%	3.5 小时
双核心（1 次短睡）	5.3 小时	3.5 小时睡眠 +1.5 小时睡眠 +20 分钟短睡	22.1%	2.7 小时
双核心（2 次短睡）	4.6 小时	2.5 小时睡眠 +1.5 小时睡眠 +2 次 20 分钟短睡	19.2%	3.4 小时
普通人（2 次短睡）	5.2 小时	4.5 小时睡眠 +2 次 20 分钟短睡	21.5%	2.8 小时
普通人（3 次短睡）	4.5 小时	3.5 小时睡眠 +3 次 20 分钟短睡	18.8%	3.5 小时
普通人（4~5 次短睡）	2.8~3.2 小时	1.5 小时睡眠 +4~5 次 20 分钟短睡	11.7%~13.3%	4.8~5.2 小时
Dymaxion(时间最少效率最大)	2 小时	4 次 30 分钟短睡（每 6 小时）	8.3%	6 小时
超人（Ubermensch）	2 小时	6 次 20 分钟短睡（每 4 小时）	8.3%	6 小时

仔细看看，找到最适合自己的方法。

工作任务归类

大脑喜欢归类，在《搞定Ⅰ：无压力的工作艺术》这本书中，戴维·艾伦提出，任何工作任务都可以分成三类：执行类、思考类和琐碎类。所以你在排"今日待办"清单的时候，可以用不同颜色的笔把执行类和思考类分别标出来，思考类更多地安排在清晨或晚上，执行类放在白天8小时内，琐碎类的工作不要用番茄时间来解决。这样分类比较合理。

以上这三个要点，用三张纸做计划、按组执行和休息、把工作任务分类，就是番茄工作法的实施要点。

打断后的处理办法

这时候你一定会有问题：人在办公室怎么可能有25分钟的时间不被打扰呢？上司、下属、同事、客户，事情不断，这个番茄工作法根本用不了。

稍等一下，我们用黄金思维圈来思考一下这件事：

（1）为什么要用番茄工作法？

正是因为不断被打扰，无法集中精力来做重要的事情，所以才需要番茄工作法。这个世界上的事情就是这么奇妙。我在第2章讲过，十多年前我统计自己每天有效工作时间只有1.5小时，就是因为不停地被打扰。按照美国的研究，办公室打扰频率基本上是3分钟一次，要么是上司找你谈话，要么是下属跟你汇报，要么是接电话、去楼下取快递等。在这种情况下，工作效率只有专注状态下的15%。所以，你才需要使用番茄工作法。

（2）怎么才能让番茄时间不被打断？

如果你有独立办公室，就告诉你身边的同事，每天有一个时间段是你不希望被打扰的，在这段时间锁上办公室门，在门口贴条，告诉大家你会在何时回来。这段时间安排几个番茄时间。如果你没有独立办公室，就和我在第二章建议的那样，跟关键的几个人打好招呼，找个僻静地方完成你的番茄时间。

把手机静音（除了非常特别的工作外，没有人是必须随时待命的），电脑静音，固定电话拔线。

除了外部中断以外，还有内部中断——心猿意马使你记起来还有一个重要的事情要打个电话、突然饿了想吃点东西、想看看微信、想给自己倒杯水等。

解决方法：如果真的有重要事情，就把事情记在上文提到的三张纸之一的"今日待办"那张纸上，记录下来然后继续番茄时间。如果你一旦倒水、吃东西等，这个番茄时间就不能算（喝水可以，但不能倒水、吃东西、上厕所、打电话）。没有规矩不成方圆，你要给自己立点规矩。

（3）你每天实施番茄时间的情境究竟是什么样的呢？

在大脑里构想一下，你每天要做 4 个番茄时间的情境是什么样的。

早上正常起床，到了单位之后，正好 9 点到 10 点之间是个空档，没有会议，你就告诉几个在这个时间段常到你办公室来的人："10 点之前有重要事情，别来找我。"于是你关上办公室的门，开始第一个番茄时间，很顺利，拖了很久的一个重要的部门规划终于开始动笔了，你给它排了 12 个番茄时间。

中间 5 分钟休息，你给自己倒了杯咖啡，出去和同事交代了一件小事。然后回到办公室开始第二个番茄时间，很不巧，刚开始10分钟，正有感觉的时候，上司推门进来找你，这个番茄时间作废。

下午来找你谈事的人多，在办公室使用番茄工作法肯定是不行的。写字楼的一楼倒是有一个合适的地方，但同事、朋友比较多，容易被打断。想来想去，发现马路对面有家小咖啡馆，平时人少，可以去试试。下午3点到4点顺利地完成了2个番茄时间，今天的3个番茄时间效率很高。部门规划的框架思路基本已经理顺了，后面9个番茄应该能完成。晚上回家一直到睡觉心情都很愉快，也期待着明天继续自己的番茄时间。

我们大部分人都应该有这样的体验，每当我们处理好一件积压了很长时间的事情之后，尤其是这件事还有点难度，都会觉得心情愉快、浑身轻松。——自我管理这时候似乎变得简单起来，晚上不用熬夜了，第二天一早还可以出门跑一圈，呼吸一下新鲜空气，整个人都精力充沛、信心满满。

要知道，身体状态和心理状态互相影响、互相连接，一旦你心理状态调整好了，更容易克制自己的恶习，让身体状态也好起来。

番茄工作法不但让你提高效率，而且让原来显得庞大而无法推动的"难点工作"开始一点点向前挪动，让你真正开始走上自我管理的道路——战胜拖延症背后的逻辑就在此处。

工作量比想象的要少得多

我时常会考虑一个问题，就是为什么我们这么忙？事业无论是否成功，似乎都有一大堆事情等着我们。随之而来的另一个问题是：我们每天到底需要工作多长时间？

多数人没有意识到，我们的工作性质已经在发生重大变化，彼得·德鲁克所说的"知识工作者"已经无处不在。无论你是大公司的普通职员、公益组织的实习生还是淘宝店的小店主，你都是一个"知识工作者"。

在工业时代，主要衡量绩效的标准是上班时间，因为产出的成果是可以计件的，工作时间长，产出就多，这是最合逻辑的。从工业时代到信息时代，成果的标准变了，变得五花八门，绝大多数和工作时间没有必然联系。

"有效性"只是"知识工作者"（knowledge worker）的一种特殊技能，而知识工作者直到最近才逐渐增多。

对"体力工作"而言，我们所重视的只是"效率"。所谓效率，可以说是"把事情做对"（to do things right）的能力，而不是"做对的事情"（to get the right things done）的能力。体力工作的成果，通常可以用数量和质量来衡量，例如制成了多少双鞋子及其质量如何。近一百年来，对如何衡量体力工作的效率和质量，我们已有相当的研究，现在我们已经能够运用测定体力工作效率的方法，来促使工作者的产出大为增加。

在过去，一个机构的组成多以体力工作者为主体，例如操作机器的工人或前线打仗的士兵。所以，关于有效性的需要不太迫切，问题也没有今天严重。位居高职的管理者只不过是下达命令，要求下属执行而已。而且管理者的人数，也只占全部工作人数中一个极小的比例。所以，不管是否站得住脚，我们暂且假定他们都是卓有成效的。在那样的情形下，我们不妨完全信任管理者的天赋，认为他们已具备了一般人所不容易具备的能力。

这种情况不仅仅存在于企业和军队中。100年前，美国南北战争时期的"政府"只由极少数的人组成，这对今天的人来说简直是难以理解的。林肯时代的战争部（Secretary of War，现在该部门已不存在，其职能由国防部接管。——编者注）只有不到50个文职官员，其中绝大多数人既不是"管理者"，也不是决策者，仅是通信报务人员而已。20世纪初西奥多·罗斯福总统时期的美国联邦政府，其全部机构人员，可以宽敞地容纳在今天国会大厦前任何一座办公楼之内。

……

而今天，由知识工作者构成的组织比比皆是，而且都颇有规模。现代的社会，是一个由组织化的机构形成的社会。其中的每一个机构，包括军事机构，都在把重心转向知识工作者，他们在工作中需要使用更多的智慧，而不是发达的肌肉或灵巧的双手。那些受过教育，懂得使用知识、理论和概念的人渐渐取代仅有体力技能的人，成为组织里的主力，他们只有对组织真正有贡献，才算有效。

——《卓有成效的管理者》［美］彼得·德鲁克

以前，工作的范围非常清晰，如零件需要加工出来、文书需要打印并分发下去、奶牛需要挤奶，你很清楚哪些事情完成了，哪些必须尽快完成，哪些不用去管，一切都明明白白。

而现在，工作的边界极为模糊，需要你自己去界定。工作的有效性和工作量无关，而和你是否深入了解自己的工作密切相关。

你对工作投入的思考必须比你想象的要多得多。你的工作量则比你想象的要少得多。

举个例子，领导让你草拟一个汇报文件，把最近部门某项重点工作给上级的大领导汇报一下。如果用番茄工作法，用4个番茄时间，2小时能完成。但如果心不在焉，一边写着汇报文件，一边聊着微信，一会儿取个快递，一会儿打个电话，一会儿同事来找你喝杯咖啡聊聊天，看似忙碌，一上午就过去了，文件还只是刚刚开了个头。到了下午，你觉得不能再拖了，于是草拟了一个框架，然后一边开着网页聊天，一边往框架里填内容，下班前终于码完了领导要求的报告，交差了事。

用4个番茄时间做的报告，其质量会比你用一天的时间做的报告要好得多。这种汇报报告的工作边界和内涵都不清晰，报告的体例、汇报的内容、重点工作完成的描述等内容都需要缜密思考。如果你的专注度不够，报告的质量就不高，这和产品装配线的工人可不一样。

即使假设两份报告质量没有太大差异，那你一天真正需要的专注工作时间也只有2小时。是忙忙碌碌地混迹一天，还是用2小时，即四个番茄时间完成一份满意的报告，应该不难做出选择。按照帕累托效应，通常80%的成果仅仅是用20%的时间创造的，而另外80%的时间实际上却只带来20%的成效。

换句话说，你这一天的主要绩效是这份报告。它可能会让上级对你刮目相看或对你心存不满。

我们要用后工业时代的思维去发现最重要的事情，然后用番茄时间等好用的工具来完成它们。那么，每天到底几个番茄时间比较好呢？

你可能会认为一天能安排16个番茄时间，一个番茄时间25分钟，16个番茄时间还不到8小时呢。我可以明确地告诉你，基本不可能，哪怕这一天完全没有人来打扰你，没有电话打入，你也不太可能完成 16 个番茄时间。对于刚刚上手的人，一天能完成 4~8 个已经很不错了。

你会发现在 25 分钟内坚持专注不太容易，25 分钟是一个成年人集中注意力的中值，和 TED 演讲的 18 分钟是一个意思。

如果你发现在番茄时间的后期会走神，建议你缩短标准番茄时间，采用 20 分钟、15 分钟或 10 分钟。每个人都有自己适合的时间。我自己的经验是，25 分钟正好，如果过了 25 分钟，会有累心的感觉，开始分心。另外，即使全天都没人打扰，每天的番茄数量不超过 12 个，总计时间不超过 6 小时为好，除非你是精力极为旺盛的狂人一族。

番茄工作法如此简单有效，还有很强的可塑性，连我读小学五年级的儿子都会用。他给自己定了一个时间管理方法，称为"包子时间"——专注写作业 15 分钟后休息 3 分钟，如此循环。小家伙自己用得挺起劲，也挺有效，大大增加了他出去疯玩的时间。

好用很重要，番茄工作法不用那么多逻辑，不用学复杂的方法，也不用专门教练来教你，而且还可以随时调整，确保它不会成为例行公事的表面文章。

除了番茄工作法之外，还有很多时间管理的方法。最关键的是，无论是哪种方法，你只有把它融入自己的生活和工作，它才会变成你生命的一部分。

试一试你行不行：现在就做

在《高效能人士的七个习惯》里，史蒂芬·柯维强调"要事第一"，他要求我们讨论以下两个问题：

（1）在你目前的生活中，有哪些事情能够使你的个人生活彻底改观，但是你一直没有去做？

（2）在你目前的生活中，有哪些事情能够使你的工作局面彻底改观，但是你一直没有去做？

从以上两个问题出发，从今天开始，给自己定个要干的事情，坚持2周。

每天2个番茄时间用于这2周目标如何？

你可以注册一个"番茄土豆"的账号。

添加一个新任务，总任务量为20个番茄时间如何？

然后设置一下：

（1）按自己的习惯设置工作音效和提醒音效（我自己用滴答声和"叮"）。

（2）设置自己的番茄时长和休息时长（默认是25分钟和5分钟）。

每完成一个番茄时间，就提交一下。看看你坚持的情况怎么样。当你完成了20个番茄时间，你就会知道，它是不是真的适合你。

chapter six

第六章
不可能失败的习惯养成方法

起先是我们养成习惯,尔后是习惯造就我们。

——[英]奥斯卡·王尔德

英国一家电视台曾做过一期题为《凌晨四点半》的专题节目，内容讲的是，在一个普通的凌晨四点半，哈佛图书馆内，已经坐满了静静看书、认真做笔记、积极思考问题的哈佛学子……哈佛的老师经常告诫学生："如果你想在进入社会后，在任何时候、任何场合下都能得心应手并且得到应有的评价，那么你在哈佛学习期间，就没有晒太阳的时间。"一分耕耘一分收获。我们在感叹哈佛为什么能够成为培养精英的摇篮时，也应该反省一下，自己是否真的勤奋努力过？如果我们在年轻的时候没有付出，那么在该收获的时候就没有收获。青少年朋友应该明白，天下没有免费的午餐，只有靠我们勤奋的双手去努力，去创造，才会给自己的人生交出一份满意的答卷。

如果你走进哈佛的学生餐厅，很难听到叽叽喳喳说话的声音，每个学生端着比萨、可乐坐下后，往往边吃边看书或是边做笔记。即使是用餐时间，哈佛学生也要充分利用起来。可以说，哈佛的餐厅不过是一个可以吃东西的图书馆，是哈佛正宗100个图书馆之外的另类图书馆。

在哈佛，学生的学习是不分白天和黑夜的。即使在半夜或者凌晨，整个园也是灯火通明的，那是一座不夜城。餐厅里，图书馆里，教室里还有很多学生在看书。那种强烈的学习气氛感染着哈佛的每一位学子。哈佛的本科生，每学期至少要选修4门课，一年是8门课，4年之内修满32门课并通过考试才可以毕业。而且，哈佛的作业量很大。学生课后要花很多时间看书，复习案例。

每堂课都需要提前做大量的准备，课前准备充分了，上课时才能在课堂上和别人交流，否则，你是无法融入到课堂的教学中的。

由于哈佛学生的勤奋努力，在哈佛的校园里，到处可以看到睡觉的学生，甚至在食堂的长椅上也有学生呼呼大睡。而旁边来来往往就餐的人并不觉得稀奇。因为他们知道，这些倒头就睡的学生实在是太累了。

究竟是什么让哈佛的学子有了这样坚定的信念，这样勤奋努力地学习呢？哈佛是一种象征，最高智慧的象征，最高学府的象征。人的意志，人的才情，人的理想，在哈佛的凌晨四点半会一一体现！

——《哈佛凌晨4点半》 韦秀英

动力和毅力都不可靠

人为什么要给自己定目标，努力去做事情呢？从心理学角度讲有两个原因，一个是动力，另一个是意志力（毅力），如图6-1所示。

欲望 → 动力 → 行动 → 意志力 → 目标

图6-1 动力与意志力——定目标的原因

动力可以理解成内在的驱动力，这个驱动力是对生命、金钱、异性、获胜的渴望，是给人注入动力的过程，就是我们俗称的"打鸡血"，它是推动你奋力向前的力量。动力主要受人的欲望（焦虑）所驱使。例如，你看见室友成功瘦身，自己也决定减肥，于是计划一天要跑10公里，不跑完绝不睡觉，这就是动力。

意志力就是毅力，它是人的一种心理能量。意志力和动力不一样，动力的本质是欲望，而意志力有点像肌肉，有的人肌肉发达，有的人肌无力。人从早到晚都在抵御各种诱惑，这些诱惑都要用意志力来抗击，到了晚上，意志力已经疲惫不堪。

有意思的是，对意志力影响最大的东西是食物，准确地说就是葡萄糖。晚上饿着肚子回家的时候，是意志力最薄弱的时刻；反之，在清晨吃饱饭之后，是意志力最强的时候，你想做的事情，这个时候一般都能干成。

我们经常认为意志力是临时动用处理紧急事件的力量，但是鲍迈斯特及其同事在最近的一项研究中发现，事实并非如此。他们在德国中部招募了200个配有BP机（传呼机）的男女，每天从早到晚不定时传呼他们7次，让他们报告自己当时是否正在体验某种欲望或者刚刚体验过某种欲望。这项辛苦的研究由威廉·霍夫曼主持，共收集了1万多次报告。

原来，有欲望才是正常的。BP机响起的时候，10次中大约有5次，人们正在体验某种欲望；还有2次，人们在几分钟前刚刚体验过某种欲望。这些欲望，很多是人们努力抵制的。结果表明，人们醒着的时候，把大约四分之一的时间用来抵制欲望——每天至少4小时。换句话说，你随便哪个时间碰到的4个人当中就有1个正在用意志力抵制欲望，但那并不涵盖所有运用意志力的情况，因为有时人们也运用意志力做其他事情，比如决策。

在 BP 机研究中，人们最常抵制的欲望，首先是食欲，其次是睡欲，然后是休闲欲——像工作期间休息一下，猜猜谜语、玩玩游戏，而不是整理备忘录。接下来是性欲，再往后是其他各种交往欲——像查看电子邮件、上社交网站、浏览网页、听音乐或看电视。人们报告说，为了抵制欲望，他们使用了各种各样的策略。最普遍的是找些什么事做以分散注意力，不过有时候会直接压抑或者苦苦忍受。这些策略能否成功，因具体欲望而异，对抵制睡欲、性欲或购物欲来说，效果非常好，对抵制看电视或上网的欲望或者一般休闲欲来说，效果不是太好。平均而言，用意志力抵制欲望，10 次当中只有 5 次是成功的。

——《意志力：关于专注、自控与效率的心理学》

[美] 罗伊·鲍迈斯特

不知道你发现没有，既然动力来源于欲望（焦虑），而人的欲望波动性极强，极不可靠，可能今天欲望强烈（鸡汤有点过量），明天就会意气消沉。意志力就像肌肉，当肌肉过分使用的时候必然会疲惫不堪。既然这两者都不稳定、不可靠，你怎么能靠它们长期坚持一个新的习惯养成，从而达成既定目标呢？

换句话说，用动力来定目标可以，但如果要用它来完成目标，基本上是小概率事件。

例如，你决定从明天开始戒烟，结果一周之后的某个傍晚，你被老板痛批一顿，又饿又沮丧，你的动力和意志力都降到低点，此时最合情合理的一个做法就是破罐子破摔，抽支烟安慰一下自己。戒烟的习惯养成很容易被打断，一旦被打断一两次，你就会对自己失去信心。

习惯养成的两条科学法则

你早上起来做的第一件事是什么？是去上厕所、喝水，还是先去烧开水？你是会在洗脸前刷牙还是洗脸后刷牙？到办公室之后，是先找同事说几句还是先打电话？晚上回到家，是先开电视还是先换上家居服？杜克大学 2006 年发布的研究报告表明，人每天有 40% 的行为并不是真正由意识促成的，而是出于习惯。我们每天做出的大部分选择似乎都是经过精心考虑的结果，其实不然。这些选择都是习惯的结果。

习惯养成和火箭发射

培养一个新的习惯取代旧习惯，并且把它坚持下来是很难的事情（和第三章人脑中的信息高速公路对照）。一般新年的时候，很多人会给自己定一个"大"目标，如在新的一年里要读 100 本书，要搞定英语六级。有执行力的人还给自己定了计划，如决定每天阅读 2 小时，这样一年读 100 本书肯定没问题；同时每天背诵 30 个单词，这样 6 个月过后就能有至少 5 000 个的单词量了。

在刚开始的时候，动力满满，也执行得不错，马上就快撑到 21 天[一]了——说实话，每天读书 2 小时，背 30 个单词，能坚持 21 天真的不错。

但是你突然有一段时间比较忙，下班回家特别累，实在不想读书，单词也才背了 10 个，怎么办呢？你告诉自己明天补回来。第二天，你一想要读书 4 小时，还要背 50 个单词——你被吓住了。

[一] 在行为心理学中，人们把一个人的新习惯或理念的形成并得以巩固至少需要 21 天的现象，称为 21 天效应，也就是我们说的 21 天养成习惯。但这是很不准确的一种说法，《欧洲社会心理学杂志》的一项研究表明：不同行为所需时间相差很大，从 18 天到 254 天不等，人们将习惯自动化所需时间千差万别，在某些案例里，这个时间可能惊人得长。

几天后，你实在坚持不下去了，只好放弃。

最后，你得出个结论，认为主要怪自己的基因不好，是个没毅力的人，定了这么好的计划就是坚持不下来。看看那些伟人，看看那些别人家的孩子，只能说声羡慕。

我有一个好消息，事情不是这样：你不是没有毅力，而是因为你没有找到一个好方法。

人的习惯养成和火箭发射很相似。在地球引力的作用下，地球外层形成了数千公里的大气层。火箭要想发射成功，必须要穿过大气层，据科学家测算，只有火箭的速度达到 7.9 公里每秒，也就是第一宇宙速度，才能使火箭冲出大气层，如果小于这个速度，它就会被地球引力拉回来。火箭发射所需要的能量主要消耗在最开始的时候，在穿越大气层飞入太空之后，所需能量就非常少了。

如果用习惯养成和火箭发射做一个类比，地球引力就像"旧习惯的引力"，大气层就相当于大脑和身体倾向于对抗新事物而产生的一个审查机构。

地球引力：旧习惯的引力。

——原有的行为习惯：嗑瓜子追剧。新习惯：阅读。

——原有的身体习惯：斜靠在沙发上。新习惯：坐在椅子上。

——原有的思维习惯：跟着电视剧剧情走。新习惯：主动思考。

大气层：对抗新的变化，新事物的审查局。

例如，晚上回家后的习惯是看电视剧，希望养成的新习惯是看 2 小时的书，巨大的"地球引力"时刻想把你拽回去。而当你准备开始的时候，"审查局"就会介入：

（1）你真的要开始阅读吗？

（2）阅读会带来什么好处？
（3）你能晚点开始吗？
（4）电视剧新的一季开始了，要不看两集再说？
（5）你要阅读2小时吗？

你对以上任何一个问题稍有犹豫，"审查局"就会把你截下来，"火箭"宣告发射失败。当你毫不犹豫地面对所有审查问题，坚决向前的时候，审查过程就逐渐弱化，而当你终于冲出大气层的时候，"审查局"就会消失不见，不再质疑你的每一个行动，新的习惯宣告养成。

如果你清晰了解这个过程，那么以下两项符合大脑科学的法则就会帮助你。

法则一：让"地球引力"小一些

不管早起、健身还是戒烟、减肥，我们一般都会有一个巨大的期待——一个脱胎换骨的自己。但是，人总是会高估自己的意志力和自控力，很多人总是期望自己变得越彻底越好，取得的成果越大越好。事实上，很多人制订的习惯养成目标针对的是一个完美的自己，所以才会要求自己每晚阅读2小时及每天背诵30个单词。

但是，对自己要求越高，"地球引力"就会越大。所需要的"第一宇宙速度"就会越高——物理学告诉我们，在速度达到一个极限之后，哪怕再提高一点点速度，所需能量都会翻倍。这就是很多习惯不能养成的原因。

法则二：让"审查局"容易通过

在所有的习惯养成开始之前，试试按表6-1那样列出相关问题，如果你回答得斩钉截铁，就可以试试；如果你回答得不够斩钉截铁（不够坚决、合理，自己不够坚定），那就需要质疑一下自己的决定。

表 6-1 "审查局"审查过程

"审查局"的问题	回答	审核结果
你真的要开始阅读吗	我真的想养成好习惯	好吧，让你通过一次
阅读会带来什么好处	有很多好处（打鸡血）	好吧，再让你通过一次
你能晚点开始吗	不行。我制订了计划	这次先让你过
电视剧新的一季开始了，要不先看两集	不了（心情开始不好）	真的不看吗（偷笑）
你要阅读 2 小时吗	是的（有点迟疑）	不太可能吧（哈哈大笑）

注意，"审查局"不只是在你制订计划的当天进行审核，而是在你执行计划的每一天都会进行审核，除非该计划已经成为习惯，进入了你的系统⊖，"审查局"才会解散，计划才会每天自动自发地完成。

小得不可思议的习惯

凡是符合以上两条法则的习惯养成方法都是可行的。美国一个叫斯蒂芬·盖斯的宅男，原本是一个意志力严重缺乏，生活一团糟的普通人。他通过自己的摸索，总结出一个不可思议的方法叫"微习惯"。

微习惯就是极为符合以上两条法则的方法，使用微习惯，在几年的时间里，斯蒂芬·盖斯的人生发生了美妙的变化。

⊖ 《思考，快与慢》中指出人脑有系统 1 和系统 2。系统 1 的思考是无意识且快速的，不费脑力，完全处于自主控制状态，是快思考。系统 1 远远快于系统 2，在我们还没有意识到之前，根植于系统 1 的习惯已经替代我们做出了选择。

我们来看看微习惯是怎么做的？

第一步，给自己定下极为微小的目标。

斯蒂芬·盖斯的习惯养成从哪里开始呢？从"每天一个俯卧撑"开始。

那天是2012年12月28日，新年将近。跟其他人一样，我回顾了我的2012年，结果不太满意，所以我希望我能在2013年活得更精彩，一个最强烈的想法就是健身。可我又不想定一个"新年愿望"——多年前我就决定不这么干了，因为实现的可能性低得可怜。

我总觉得，我在拉斯维加斯赢钱的可能性都比我在生活中获得成功的大。从高中后半段开始，我就一直想把锻炼培养成习惯。尽管我付出了不少努力，但10年里一直没有坚持下来。这样下去我还能有什么自信呢？偶尔斗志大爆发，我也只能坚持两周，最终因为各种原因放弃，有时连原因都没有就直接放弃了。1月1日毕竟是一个表决心的日子，我想赶在新年之前有所行动，所以决定用原地锻炼30分钟的方式开个头。

可我站在那里，一动不动，毫无动力。我试了试平时激励自己的那一套话："加油啊，斯蒂芬，想成为真正的赢家，就必须加倍努力才行。"我试着听快节奏的音乐，试着幻想自己拥有能在沙滩上炫耀的完美身材。各种方法都试过了，一点儿作用都没有。我觉得自己身材走形，无精打采，就像个废物，什么都做不了。那一刻，30分钟的锻炼对我来说就像攀登珠穆朗玛峰一样。我完全不想锻炼，感觉自己特别失败，事实上我的确很失败。

其实，不是30分钟锻炼要花的时间和精力吓到我了，而是为达到我的健身目标需要投入的努力加在一起多得吓人。两者相比，真是天壤之别，光1年的运动量就够我受的了。还什么都没干，我就已经内心惭愧，不知所措，心灰意冷了。

……

于是我就开始思考，30分钟锻炼的对立面是什么？吃着冰激凌看电视可以算一个。在那种情况下，我的确觉得30分钟是个艰巨无比的挑战（像珠穆朗玛峰一样高）。换个思路吧，从锻炼强度入手。如果不是30分钟的挥汗如雨、浑身酸痛，而只是做1个俯卧撑会怎样？不必多做，1个就够了。这正好和我的痛苦锻炼相反！

最终，我苦笑着打消了这个想法。"太可悲了！1个俯卧撑有什么用，我得多锻炼才行！"可每当我想按最初计划行动时，又做不到了。因为我的30分钟锻炼计划总是失败，最后我心想"管他呢，就做1个俯卧撑得了"，于是我趴在地上做了1个俯卧撑，然后，我的人生从此走向了光明。

我摆好俯卧撑姿势后，突然注意到这和30分钟锻炼开始时的姿势一模一样。只做了1个俯卧撑，我的肩膀就快要裂开了，胳膊肘也该加润滑油了，肌肉就像睡了24年刚醒过来一样。可是，既然都已经摆好姿势了，我索性又一口气多做了几个。每做1个俯卧撑，迟钝的肌肉和顽固的大脑都无比煎熬。

——《微习惯：简单到不可能失败的自我管理法则》

［美］斯蒂芬·盖斯

微习惯到底是什么呢？非常简单，就是把你希望养成的习惯大幅度缩减：

把你每天阅读2个小时的计划改为每天读书1页。

把你每天背30个单词的习惯改为每天背1个单词。

你的问题一定立即会浮现在脑海：一天读 1 页书有什么意义，一本书至少 100 多页，一年下来也就读 3 本书；一天背 1 个单词，一年才背 300 多个，说出去让人笑话。

第二步，让它顺其自然。

（接上一步）

我起身时心想，这总比什么都不做强。需要强调一下，这时我心里想的是"就到此为止吧"。但紧接着，我又打算再挑战 1 个引体向上，这么简单的动作没什么好拒绝的吧？我准备好引体向上的器材，完成了 1 个，然后又完成了几个。心想："有点意思，虽说有点难，但也没有我想象的那么难。"

……

我把一个俯卧撑变成了看似不可能的 30 分钟锻炼，第二天我就写下了《挑战 1 个俯卧撑》，它成了我的博客上迄今为止人气最高的文章之一。直到现在，还有人发信息告诉我这件事是如何激励他们坚持锻炼的。

——《微习惯：简单到不可能失败的自我管理法则》
［美］斯蒂芬·盖斯

牛顿第一定律是经典物理学的基础，它告诉我们物理世界的一个现象：

（1）除非受到外力作用，否则静止的物体总保持静止状态。

（2）除非受到外力作用，否则处于运动状态中的物体的速度不会改变。

你能看出其中的联系吗？一旦你迈出了第一步，就算处于运动状态中了。当你看第一页的时候，你就已经开始看书了，除非你的大脑给你下指令,把书放下,我要睡觉了。在写本章之前,我自己试过每天读一页书的微习惯,通常的情况下我都能读20页以上。但某晚马上就要入睡了,突然想起来还没读书怎么办?没关系,躺在床上看两分钟人人都做得到,然后放下书,带着胜利感和满足感进入梦乡真是太棒了。

说到这里估计你已经明白了,影响结果的仍然不是斗志而是科学。

让"地球引力"小些——对自己的要求降低,"引力"几乎为零。

让"审查局"容易通过——事情小到容易轻松通过。

我们再来看看审查过程(见表6-2):

表 6-2 审查过程

"审查局"的问题	回答	审核结果
你真的要开始阅读吗	我真的想养成好习惯	通过
阅读会带来什么好处	当然有好处(不用打鸡血)	通过
你能晚点开始吗	不用,我一下子就完成	通过
电视剧新的一季开始了,要不先看两集	不了,我就读两页	通过
你就阅读两页吗	是的	通过

从大脑科学来看,微习惯策略就像意志力消耗很低的特洛伊木马,它能轻松地让"审查局"通过你的新建议。因为你没有向大脑要求看100页书,所以"审查局"的主管们很轻松地放你进去——一旦进去,你就控制了整个局面。

当你做到以上两点之后,就会发现,你就像火箭一样已经离开了地球到了外太空，这个空间没有阻力，想干什么就可以干什么，就像上文说的，既然已经摆好了俯卧撑的姿势，那就多做几个吧——以小见大，自下而上，占据越来越大的地盘。结果便是慢慢养成了好习惯。

至于是否能够每天坚持，更没有问题了。微习惯在这点上采用的不是心理学和成功学常用的动力机制，而是巧妙地采用意志力机制。哪怕你又饿又累，用 2 分钟的时间读 1 页书、背 1 个单词也不是什么难事。即使意志力能量已经基本耗尽，但用残余的力量干一点微不足道的事情，对大多数人都不成问题。

7 个需要注意的事项

说到这儿，你是不是已经开始预想自己未来要设定什么样的微习惯了。先不要着急，先告诉你几个注意事项：

1. 要设想极端情况，把习惯变得微小

这点很重要。拿阅读来说，不要觉得看 5 页书和看 1 页书差不多，要知道只有极小的习惯，在最困难的时候才能实现。如果你在满身疲惫、压力山大、极其忙碌的时候还能完成某件事，那么毋庸置疑，你每天都能完成它。

2. 微习惯的目标设定于初期不要超过两个

千万别觉得小就随便设定目标：

——今天觉得要学英语，就设定每天背一个单词。

——明天觉得要写小说，就设定每天写 50 字。

——后天觉得要健身，就设定每天做一个俯卧撑。

——大后天觉得要对女朋友好一点，就设定每天给她买枝花。

不要小看微习惯，要知道，每个微习惯背后都是大块头的习惯——每天坚持一个俯卧撑的背后是长期的健身习惯；每天写50个字的背后是长期的写作习惯；每天背一个单词的背后是学外语的好习惯；每天买花的背后是重视感情生活的终身习惯。

所以，设定目标要谨慎。初期微习惯的数量最好不要超过2个（甚至1个就好），直到你的某个微习惯已经成为固定习惯，就可以再增加1个。

即使你已经成为使用微习惯的高手，我也建议你同时保有微习惯的总量不超过5个（组合微习惯只算1个，如1个俯卧撑和1个引体向上就是组合微习惯，它在同一情境下发生）。同时，追求的微习惯数量不要超过2个。虽然这些习惯很容易单独完成，但是数量越多，你的精力就会越分散。设定过多的微习惯，会大量挤占你的时间，从而使微习惯失去灵活度，导致失败。

3. 微量开始，超额完成

微习惯只有底线，没有上线。例如，你定下来一天看1页书的微习惯，结果某一天动力十足，阅读了5小时，看完了400页。我要说："哇，真不错，但不管你今天有多疯狂，看了多少本书。我对你的要求是明天你还要看1页书，要完成微习惯的目标。"

一般来讲，无论你的微习惯是什么，你都能超额完成它。可如果你每天只能达到最低目标怎么办？不要担心，它还是会成为习惯（而且相对很快，因为量小），只要坚持就好。一旦它成为固定习惯，你就会感受到它的力量。如果你真的坚持，微习惯会成为你一生的伙伴。

4. 用链条法来辅助微习惯

因为微习惯的目标比较小，初期特别容易忘记，所以请你给自己准备一张大白纸，把全年的日期都画出来（年历更有激励效果，月历的方式稍差），每完成一天，就在上面打一个红色的钩，时间一长，在日历上就会形成一条链子，你要告诉自己的是：别掉链子（此部分可以参考第八章的激励性记分表部分）。

5. 不要自我膨胀，直到你真的已经养成了固定习惯

不要相信 21 天养成习惯的法则，这个法则和一万小时法则一样，都侧重于传播而并不科学。形成固定习惯有六个标准：

（1）没有抵触情绪：做起来不抵触，如果不做反而觉得少了点什么。

（2）身份认同：你认同该行为，而且可以信心十足地说"我是个作家"或"我是个英语达人"。

（3）行动时无须考虑："审查局"在这件事情上已经停工了。你不需要做出执行的决定就能开始该行为，就和早上起来不假思索去刷牙一样，你不会担心它完不成。你不会想："好吧，我决定去读书。"你会自然地摆座椅、拿书、阅读。

（4）不再担心：刚开始，你也许会怕自己掉链子或放弃，但现在你一点都不会为这件事担心。

（5）常态化：一旦一件事成为习惯，你不会因为"你真的在做这件事"而激动不已。它只是每天应该干的事情，是一种常态。

（6）很无聊：好的习惯并不会让人兴奋，就和每天刷牙、洗脸一样，它们很平淡、无聊。

6. 微习惯的目标是 100% 成功，而不是 95%

完全成功很重要，对维持自我效能重要。"自我效能"是来源于美国心理学家班杜拉的概念，简单地讲就是"我能行"的自我感受。

个体主要是通过亲身经历获得关于自身能力的认识，因为靠自己的经历得到的关于自身的认识最可靠，所以它成为自我效能最强有力的信息源。

——《思想和行为的社会基础：社会认知论》

［美］艾伯特·班杜拉

从生理学角度看，微习惯漏掉一天也不会耽误习惯的养成，一天成就不了这个过程，也毁灭不了这个过程；但从心理学角度看则不然，这可能会带来问题。如果你真的漏掉了一天，请记住，以后要尽量坚持下去，一天都不要偷懒，因为坚持才能形成"自我效能"，这对其他好习惯的养成乃至对你的人生都很重要。

7. 不要在心里作弊

请一定不要调高期待值，尤其是在心里。不要纸面上给自己定"每天看一页书"，心里面说每天看十页书，这样就等于你给自己定的目标是"十页书"，当你没有完成的时候，你一样会有挫败感。其实，期待值低一些，在真执行的时候，你也许会渴望多完成一些。

通过改变心智模式去除坏习惯

好习惯来了，坏习惯怎么办？

每个人都有坏习惯，有些甚至是跟随了我们半辈子的习惯。这些习惯顽强无比，不停地触发、行动、奖赏，然后重复。你也许很多次去有意戒除，但却拿它无可奈何。

其实真正改变一个习惯并不难，关键是要改变我们的心智模式。

我们原有的心智模式及行为惯性如图 6-2 所示。

抽烟不好 > 我要戒烟 > 打鸡血 > 行动 > 毅力 > 遭打击 > 失败

图 6-2　原有的心智模式及行为惯性

本书从最开始就强调"活在眼前"的"觉察",要求保持注意力在当下,不做自我的评判,纯粹用一个外部观察者的好奇心态来看自己,体会自己的感受,这是一种智者的心智模式。

那么,如果我们用这种心智模式了解一下自己的习惯会怎么样?

当触发情境出现,你想要抽烟,"活在当下"的机会来了,如图 6-3 所示。

不做评判,全身心地体会自己的感受

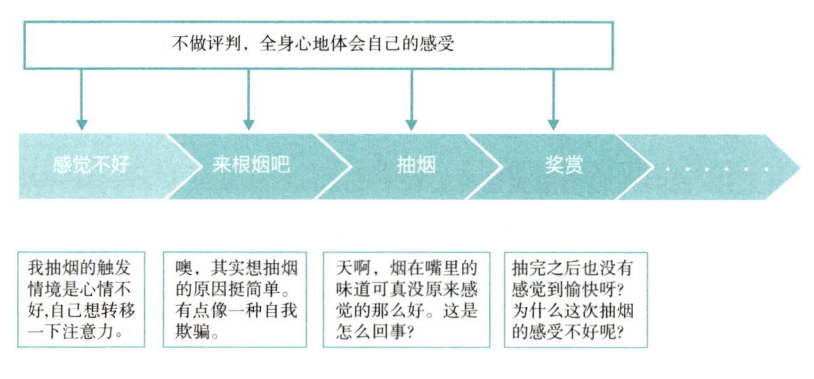

感觉不好 > 来根烟吧 > 抽烟 > 奖赏 > ……

| 我抽烟的触发情境是心情不好,自己想转移一下注意力。 | 噢,其实想抽烟的原因挺简单。有点像一种自我欺骗。 | 天啊,烟在嘴里的味道可真没原来感觉的那么好。这是怎么回事? | 抽完之后也没有感觉到愉快呀?为什么这次抽烟的感受不好呢? |

图 6-3　抽烟触发情境下的感受

MIT(麻省理工学院)医学院副教授贾德森·布鲁尔在 TED 大会的演讲中告诉我们,他曾经用这种方法帮助一群人戒掉了烟瘾(这群人之前平均戒烟 6 次)。

这是一种东西方通用的心法:全盘接受自己(肥胖也好、成绩不佳也好、抽烟也好、拖延也好),放下所有外部的评判,对人生处之泰然。然后再让自己沉下心,真正去体验和感受自己,去发现新的可能。最后试着用微习惯去置换掉自己的不良习惯。

微习惯的好处就在于能够轻松启航、长期坚持，而且它有灵活度，你一定会喜欢这种灵活度，因为它会让你有空参加聚会和旅行。但是，千万不要忘记，世间万事万物皆有对价。去掉坏习惯的前提是启用智者的心智，而微习惯也需要你的持续付出。

试一试你行不行：利用微步骤做以前不敢做的事情

与微习惯相关的一个技巧叫微步骤，这是一个非常厉害的技巧，甚至可以说战无不胜（也许有点言过其实，不过它确实厉害）。微步骤很简单，但它就是可以做到你以前不敢做的事情。

例如，在路上你看见了自己的女神，很想过去和她搭讪，但实在害怕拒绝，怎么办？用微步骤很简单：

第一步：把注意力放到自己的脚上。

第二步：迈左脚。

第三步：迈右脚。

第四步：迈左脚。

第五步：迈右脚

……（慢慢地朝她的方向走过去）

第 N 步：抬头直视她。

第 $N+1$ 步：说一句："你好，今天天气不错。"

之后再怎么做就是你的事情了。这个过程只需要你用一点点意志力来控制自己的左脚和右脚即可完成，是不很有意思？

微步骤是与微习惯相关的技巧，它的原理和微习惯相同——糊弄"审查局"。微习惯是用看起来非常小的习惯让"审查局"批准你通过。而微步骤则是干脆躲过审查。

试想一下,如果你上报给"审查局"的事项是"要与女神搭讪","审查局"会问表6-3问题中的。

表6-3 采用微步骤前的审查

"审查局"的问题	回答	审核结果
你要去干什么	与女神搭讪	天啊
如果她不搭理你怎么办	我也不知道(冷汗)	再想想吧(语重心长)
如果她不理你别人会怎么看你	……(冷汗)	下次再说吧

但是,微步骤可不是这样,它上报的事项是先"迈出我的左脚"然后"迈出我的右脚",审查问题见表6-4。

表6-4 采用微步骤后的审查

"审查局"的问题	回答	审核结果
为什么要迈出左脚	我要走路	我还审查什么,赶快走
为什么要迈出右脚	我要走路	那还审查什么,赶快走

把你想干的事情进行拆分,拆分成完全无意义的动作,然后上报审查——不可能通不过。然后你就可以和放电影一样,一帧一帧地开始你的行动。

你有什么不敢做但又一直想做的事情吗?

来,用微步骤试试吧。

chapter seven

第七章
读什么样的书和怎样读书才能成为高手

书籍是全世界的营养品,生活里没有书籍,就好像大地没有阳光;智慧里没有书籍,就好像鸟儿没有翅膀。

——［英］威廉·莎士比亚

古今之成大事业、大学问者，必经过三种之境界："昨夜西风凋碧树。独上高楼，望尽天涯路"，此第一境也。"衣带渐宽终不悔，为伊消得人憔悴"（1），此第二境也。"众里寻他千百度。回头蓦见（当作'蓦然回首'），那人正（当作'却'）在，灯火阑珊处"（2），此第三境也。此等语皆非大词人不能道。然遽以此意解释诸词，恐晏、欧诸公所不许也。

［注释］

（1）柳永《凤栖梧》："伫倚危楼风细细，望极春愁，黯黯生天际。草色烟光残照里，无言谁会凭阑意。拟把疏狂图一醉，对酒当歌，强乐还无味。衣带渐宽终不悔，为伊消得人憔悴。"（据《彊邨丛书》本《乐章集》中卷）

（2）辛弃疾《青玉案》（元夕）："东风夜放花千树。更吹落、星如雨。宝马雕车香满路。凤箫声动，玉壶光转，一夜鱼龙舞。蛾儿雪柳黄金缕。笑语盈盈暗香去。众里寻它千百度。蓦然回首，那人却在，灯火阑珊处。"

——《人间词话》 王国维

你有多久没有读完一本书了？

你不看书的原因是平时的阅读量已经够了吗？

你除了用手机阅读之外，还看纸质书吗？

你还买书吗？

在我最开始学习管理的时候，非常喜欢囤积知识，翻过的书不少，也做了很多笔记，却找不到感觉。我的一个好友则采用了不一样的方法，他盯死了一本薄薄的书反复阅读，这本书叫《经理人员的职能》，作者是切斯特·巴纳德，系统组织理论的奠基人。书是薄薄的一本，但极不好读，每句话都要反复琢磨才能品出味道。我这位朋友读这本书的方法不是一句一句读，而是一个字一个字地抠。若干年过去了，他围绕这本书建立了完整清晰的知识系统和应用系统，在理论方面的成就和由理论带来的认知比我们强大得多。

"少就是好"是我们这个时代的真谛，要点不在于你读过几本书，而是你真正理解、真正应用了几本书到你的工作和生活中去。

留一点时间给纸质书

一些网络平台上有成千上万个教程教你如何致富、学习、夺权、求爱或减肥，教你朝着某个单一的目标一步步迈进，但很少有人能真正因此变得更强大。

很多微信公众号经常发"深度好文"，大多数是心灵鸡汤，很多10万+的爆款文章，里面充斥了取悦大众的技巧。据统计，用户每天在微信平台上平均阅读6篇文章，文章的平均阅读时间为85秒。换言之，短平快、碎片化是微信阅读的最主要特征。而且手机成了阅读最主要的介质——每个人每天的阅读量基本有定额，在手机上读完了自己的定额，也就想不起来再拿本书仔细研读了。当习惯于碎片化之后，我们的大脑就已经被重新排列了，去适应这种碎片化的生活，一些真正有深度的书籍和文章我们即使看到，也没兴趣和心力去读。

书籍的不同介质都各自有特定的使用情境：

手机看文章：等车看、无聊看、随时随地看。

Kindle 读书：稍微大块一点的时间、安静一点的环境。

纸质书介质：大块时间、安静环境。

手机这种介质有它特定的限制，它只适合于肤浅阅读，它消解了知识的"庄重感"和"严肃感"，同时也消解了你获得深度知识的可能。试想一下，近一年以来，你通过手机读了多少文章，这些文章里让你获得洞见的，你能说出 2~3 篇吗？相比之下，Kindle 要好很多，但也不如纸质书，人类的大脑实际上更加偏爱纸质书籍。

1. 你为买书花了钱

人类的心理是，你为一件事付出越多，就会越重视它。买纸质书是要花钱的，而电子书则不然，你下载了几百本书却一分钱都不用花，但是最糟糕的是，你下载了电子书之后，心里便会有一种满足感，就更不会去读了。君不见，凡是将微信上的好文章收藏的，那篇文章一般都不会细读，总打算有空时再拿出来细品品，实际上，几天后你就会把它抛在脑后。

2. 在读有难度的书时，大脑喜欢仪式感

学习阅读不只是一个简单的、学习"破解密码"的过程。当人们学习阅读时，人们是在学习一种独特的行为方式，其中一个特点就是身体静止不动。自我约束不仅对身体是一种挑战，同时对头脑也是一种挑战。句子、段落和书页一句句、一段段、一页页慢慢地翻开，按先后顺序，并且根据一种毫不直观的逻辑。

——《童年的消逝》［美］尼尔·波兹曼

尼尔·波兹曼在《童年的消逝》中讲的是读书的仪式感，书被一页页翻开，似乎在举行某种特定的仪式。不知道你有没有这种感觉，在读大部头的经典书籍时，选择在手机上读电子书有一种不安和亵渎感。当然，读不下去是另一个原因，你更习惯于利用如厕那几分钟刷几篇文章，而不是用 1 小时细读某本管理学名作。

3. 读纸质书更加不容易受干扰

书上没有 LED 屏，更加容易让我们沉浸进去。手机太容易分心了，即使你关闭了信息推送，还是要时不时地去看看微信和其他 App 是否有新信息，然后顺手刷刷屏，干点其他的事。

4. 纸质书自带情境

一杯绿茶、一本好书是一个标准情境。每本书的装帧、封面、纸质、触感、字体等各有不同。我有在书上签名、批注、画线的习惯（有些人不然，他们喜欢干干净净的书，什么时候都一尘不染），让每一本纸质书更加与众不同。

基于以上看法，我有三点建议：

（1）多留一点时间给纸质书。尤其是需要深度阅读及反复阅读的书籍。在信息过载的时代，你也许发现，抛弃漫天的信息流，去细读纸质书是一件很酷的事情。

（2）有时间可以听书。现在的"喜马拉雅 FM""得到""十点读书"等都有大量的解读和拆书⊖资源。在上班、上学的路上可以去听书，借此可以接触到你平时不了解的一些书，如果听到特别好的可以去买纸质书。

⊖ 拆书是主题阅读的一种方法，特点是精读书中要点，和读者本人的经历密切结合，以便让书中内容更容易被吸收和应用。

（3）手机上细读好文章。在手机上经常可以看到一些好文章（当然大部分是表面看着好的鸡汤文），建议先不要收藏，如果你有浏览手机的时间，说明你至少能拿出10分钟来看看这篇文章。记住，至少10分钟，而不是你惯常的1~3分钟（大家似乎已经习惯了看文章看标题，或者用很短的时间来扫一篇万字长文）。我专门做过实验，在遇到一篇好文章后（一般在2 000字以上），如果3分钟以内看完，当时似乎觉得有收获，一天之后对此印象就不深了。而如果用10分钟认认真真看完，特别是把其中最能触发自己感受的要点记录下来，就会有真正的收获。

建构正确的知识体系

如何在较短时间内通过阅读书籍构建自己的知识体系？你首先要懂得如何归类自己所阅读的知识和书籍。

知识的第一步，就是要了解客观事物本身。这意味着对客观物体要具有确切的理解；通过有条理的分类和确切的命名，就可以区分或认识客观物体。

——《自然系统》［瑞典］卡尔·林奈

伟大的瑞典人，现代生物学分类鼻祖林奈对植物进行了定义，他根据植物是有性繁殖的理论对植物进行分类，确立了植物的共性基础。他把植物分为24纲、116目、1 000多个属和10 000多种，之后用"双名制"命名法给植物取名——植物属名相当于人的"姓"，每一个植物类别都隶属于某一"姓氏家族"中，而指称这个类别的单词，就是植物的"名"，这就是双名制命名法。例如，银杏"*Ginkgo Biloba* L."，其中"*Ginkgo*"是姓,"*Biloba*"是名,"L."是林奈名字的缩写。林奈给混沌无比的自然世界带来了秩序。

美籍奥地利人弗里兹·马克卢普把知识分为五大类:

(1)实用知识——对于人们的工作、决策和行为有价值的知识。

(2)学术知识——能够满足人们在学术创造上的好奇心的那部分知识。

(3)闲谈与消遣知识——满足人们对轻松娱乐和感官刺激方面欲望的那些知识。

(4)精神知识——与宗教知识及与其相联系的知识。

(5)不需要的知识——偶然或无意识地保留下来的知识,是"多余的知识"。

如果按照他的分类,对于多数人来说,我们往往只看过一些零散的实用知识及闲谈与消遣知识,普遍在学术知识和精神知识方面有缺项。

读书是建构完整知识体系最好的方法,如果我们就某个类别的书籍读得少或过于偏科,知识体系就难以顺利搭建。遇到问题,就会总是感觉迷茫,总是感觉不通透。例如,我们在学习管理过程中,也看了不少手机上的文章和一些经典书籍,可仍然不知道管理是怎么一回事。一本经典书看完也只是只鳞片爪的收获。

如果要建构正确的知识体系,首先我们要对书籍和书籍分类有正确的认识和概念。

书能被读完吗

人从外部获取信息,加工后成为自己的知识,这个加工过程称为认知。这些知识逐渐沉淀，我们通过理性提取，把它变成易用好操作的"概念"。而"概念"的传播主要依赖书籍。

每一类书籍都被它的传承者不断揣摩、不断消化，逐渐变成自己的东西，又产生出新的书籍。据谷歌统计，全球书籍存量大约有1.3兆册（同版本的书只能算1册）。这么多的书怎么看得过来？哪怕一个人生下来不停地看书，又能看多少？

在一个知识越来越复杂，书出版得越来越多的时代，我们首先关心的当然是读什么书。如果不加选择，见书就读，那每天以几何倍数增长的图书恐怕会炸掉我们的脑子，还免不了庄子的有涯随无涯之讥。那么，该选择哪些书来读，又如何读得懂呢？

有人记下一条轶事，说陈寅恪曾对人说过，他幼年时去见历史学家夏曾佑，那位老人对他说："你能读外国书，很好。我只能读中国书，都读完了，没得读了。"他当时很惊讶，以为那位学者老糊涂了。等到自己也老了时，他才觉得那话有点道理：中国古书不过是那几十种，是读得完的。

说这故事的人也是个老人，他卖了一个关子，说忘了问究竟是哪几十种。现在这些人都下世了，无从问起了。"那么，光是中国古书就浩如烟海，怎么能读得完呢？谁敢夸这海口？"夸这个海口的正是金克木。只就书籍而言，总有些书是绝大部分的书的基础，离了这些书，其他书就无所依附，因为书籍和文化一样总是累积起来的。因此，我想，有些不依附其他而为其他所依附的书应当是少不了的必读书或者说必备的知识基础。若为了寻求基础文化知识，有创见能独立的旧书就不多了。就中国古书而言，不过是《易》《诗》《书》《春秋左传》《礼记》《论语》《孟子》《荀子》《老子》《庄子》等数种；就外国书而言，也不过《圣经》《古兰经》和柏拉图、亚里士多德、笛卡尔、狄德罗、培根、贝克莱、康德、黑格尔、荷马、但丁、莎士比亚、歌德、巴尔扎克、托尔斯泰、高尔基等人的著作。读这些书，再配合一些简略的历史，花费比"三冬"多一点的时间，就一般人而言大约是文史足用了。

——《书读完了》前言　黄德海

按照金克木的说法，书是可以被读完的，前提是我们要找到知识的源头。而畅销书作家古典在他的著作《跃迁：成为高手的技术》中提出一个要区分一、二、三、四手信息的概念。其中一手知识就是指知识的源头。

我们身边有很多"嚼过的口香糖"信息——在朋友圈、QQ（腾讯开发的即时通信软件）空间、微博等社群里转发的各种内容和信息，书架上各种名人、朋友推荐的书籍，各种二、三、四手信息不计其数。

面对知识焦虑，这些信息"口香糖"的确让你镇定了点儿，而且怕你觉得无味，还加入了大量"麻辣""鸡精""味精"GIF（图像文件格式）动图和美女照片起味儿，但是当你吃惯这些，就永远没法享受真正的优质知识的味道了。

因为你没法找到知识的源头了。

——《跃迁：成为高手的技术》　古典

总有些书是大部分书的基础

一本书往往源自一个概念，如果这个概念是原创的，又对现实有着巨大的影响，那么就会有越来越多相关书籍出现来反复阐释这个概念及研究将概念融入现实的方法。这个过程有点像一棵树,慢慢生长出主干,随后生长出枝杈,最后长出树叶。这本原创书就是以该概念为中心所有书的基础,就是古典说的"知识的源头",也是金克木说的"中国古书不过是那几十种"的内在逻辑。

所以,如果你要学习一个领域的知识,面对浩如烟海的书籍无从下手,就需要你把书籍分为主干类、枝杈类、树叶类、现实/案例类四个大类别,此称为"三一"读书法。

主干类书籍——知识的源头

主干类书籍又可以分为三种:

第一种,某一个领域(或某一个概念)的源头。自从有这本书,某一个专业(概念)就此定型下来,也就是说这本书框定了专业的外延和内涵。就像前面说的林奈,自他的《自然系统》之后,现代生物分类学就此定型;或者彼得·德鲁克,在他的《管理的实践》之后,现代管理学就此定型;再比如生产管理领域,弗雷德里克·泰勒的《车间管理》就是源头;在决策管理领域,赫伯特·西蒙的《管理行为》就是源头。

第二种,讲透某一个领域的发展史。将某一个领域的体系脉络清晰地捋一遍,建立比较完整的知识基础和框架。例如,亨利·明茨伯格的《战略历程》,这本书展示了横跨半个多世纪的战略管理发展,把战略管理从头到尾都说清楚了;再如,艾尔弗雷德·钱德勒的《战略与结构:美国工商企业成长的若干篇章》和《看得见的手——美国企业的管理革命》,企业史作为一个研究领域的开端就源自钱德勒。

第三种,某类问题的深入研究。这种书籍对某一个问题有特别的研究，能够发前人所未见，有独到的观点及丰富的底层逻辑。例如，詹姆斯·柯林斯的《基业长青》，他和助手找了18家真正杰出、历经岁月考验的优秀企业，同时又找了18家历史相当，但是未能获得同等地位的同类企业进行对照和长期研究。研究它们处于草创时期的状况，研究它们处于中型企业、大型公司时的情形，研究它们如何应对世界发生的急剧变化（两次世界大战、大萧条、革命性的科技等）。然后归结于一个问题：是什么使这些真正独特的公司有别于其他企业？《基业长青》这本书就是研究大型企业长盛不衰这个问题的主干类书籍。

以上这些书籍从外表来看大不相同，有的书厚，有的书薄，有的书很晦涩，甚至于我们不知道它的存在，有的书则是千万级畅销书，但它们都是主干类书籍，就像蝙蝠和海豚虽然样子大不相同，但却都是哺乳类动物一样。

枝杈类书籍——思考、应用与实战

枝杈类书籍通过实践研究，在主干类书籍的基础上进行应用研究和阐述。要注意，并不是说枝杈类书籍就不如主干类书籍，许多枝杈类书籍同样也是大部头经典书籍，同样也有很多原创的思路。

例如，《执行：如何完成任务的学问》，作者是拉姆·查兰，全球著名的咨询顾问。这本书相当经典，影响了一大批企业家。书中研究了大量企业的实战案例，提出了如何建设企业执行体系的思路。再如，罗伯特·卡普兰的《平衡计分卡——化战略为行动》在全球热卖，并作为一种前沿的组织绩效管理思想在全球得到普遍应用。这两本书都是比较典型的枝杈类书籍，是应用与实战的管理类书籍，其基础是"目标管理"的概念，相关主干类书籍是彼得·德鲁克的《管理的实践》。

树叶类书籍——解决身边的问题

树叶类书籍为了解决某些具体问题或传播自己的观点，把从枝杈类书籍上得到的概念进行再次包装和阐释。它针对的某些具体问题或具体现象就在我们身边，如果作者对现实理解深入或文字功底好的话，读起来的获得感就会特别强。

这类书籍由于对理论体系功底要求不太高，作者数量比较大，所以充斥在我们身边的都是这类书。而且树叶类书籍只要写得好，的确能很好地解决身边的问题或疏解心中的疑惑。例如，格拉德威尔的《异类：不一样的成功启示录》，在全球卖得火爆无比，它的思想源自枝杈类书籍安德斯·艾利克森的《刻意练习：如何从新手到大师》，相关主干则是一篇论文，源自赫伯特·西蒙和威廉·蔡斯的《专业技能习得的十年定律》。

需要说明的是，树叶类书籍不利于我们建构知识体系，纵然这些书更加贴合现实且文笔优美，读起来获得感强。它在我们阅读总量中占据的数量最好不要超过 30%。

现实 / 案例类书籍——深入描述现实问题

还有很多好书和好文章无法归入以上三类，如传记类书籍，斯隆的大作《我在通用汽车的岁月》、韦尔奇的《赢》和福耀玻璃集团董事长曹德旺的《心若菩提》；以及和当前形势咬合紧密的文章；还有关于华为的《以奋斗者为本》，关于海底捞的《海底捞你学不会》等各类书籍。

这些书籍深入描述现实问题，关注点是发生了什么和现实解决方案是什么，并不强调理论和概念，这些书也是深入了解某一个领域的必读书目。

光是将书籍分类到某一个种类中还是不够的。要跟随第一个阅读步骤，你一定要知道这个种类的书到底是在谈些什么？书名不会告诉你，前言等也不会说明，有时甚至整本书都说不清楚，只有当你自己心中有一个分类的标准，你才能做明智的判断。换句话说，如果你想简单明白地运用这个规则，那就必须先使这个规则更简单明白一些。只有当你在不同的书籍之间能找出区别，并且定出一些合理又经得起时间考验的分类时，这个规则才会更简单明白一些。

——《如何阅读一本书》［美］莫提默·艾德勒、查尔斯·范多伦

碎片化阅读——信息过载、徒劳无获

除了以上四类书籍之外，我们还能从微信、朋友圈和网络上看到各种文章，其中的大部分文章都是在各种动机、各种情绪下的表达，承包了你工作、兴趣、生活、情感等所有的领域。这些文章的标题往往都很直接，以博取点击量，读来似乎也能有所收获。例如：

职场铁律：要么狠、要么忍、要么滚。

为什么做到这三点，员工死心塌地跟你干？

高房价正在毁掉中国社会！三大信号显示房价还得涨！

莫言：好的家庭教育，浓缩为6句话！（父母请牢记）

可是我要告诉你的是，这类文章通常从中学不到有用的东西，不

仅没用还有害。这里面主要的问题体现在两个方面：

（1）信息的碎片化让你信息过载。网络上的信息铺天盖地，层层链接，你获取有效信息的难度越来越大。这时，你会不由自主地被信息的大潮裹挟驱赶，内心彷徨无助，似乎稍一愣神就会被时代抛弃。

（2）知识结构碎片化让你徒劳无获。网上的各种大V的言论，以及朋友转过来的名家名作都扑面而来，你欣喜不已，读完了也似乎有所得，但你根本没有学到真正的东西。其原因在于，你所有读的内容都是别人推给你的，这些内容形成不了完整的知识结构。一本书所面对的情境是单一的，所叙述的逻辑是完整的。而你看到的网文所面对的情境千差万别——你并不知道是谁，在什么情况下，针对什么问题讲的这些话。其逻辑也是不完整的，如果你看到马云、张瑞敏、吴思、莫言、傅盛对某一个问题的看法不一致，你也先不要奇怪，因为你并不知道他们在说什么。如果你原有的知识结构并不扎实，在这种情况下，你得到的只是谈资，连知识都不能算。

应选书籍类型

在了解了书籍分类之后，应该具体读哪些书呢？

我的建议是：想上台阶，必须"通读"主干类书籍、"精读"枝杈类书籍、"泛读"树叶类书籍，"按比例"读现实/案例类书籍。

在一个领域，选主干类书籍一本（初期不要选多本，以防打架），枝杈类书籍两三本，树叶类书籍自选自定（往往易读）。现实/案例类书籍有些特殊，我的建议是这类书籍的阅读时间占总时间的30%左右比较合理。

举个例子，你想学习如何制订企业目标，应读什么书？

（1）在这个领域里面的主干类书籍是彼得·德鲁克的名著《管理的实践》，目标管理源于德鲁克，源于这本书。书中说，企业应该设定绩效目标的领域有8个——市场地位、创新、生产力、自身资源、获利能力、管理者培养和绩效、员工绩效和工作态度，以及社会责任。

在通读这本书之后，你所在企业在讨论目标和考核的时候，你立即就能知道讨论的方向有没有偏、是不是正确的。多数公司到现在为止还只围绕销售额和利润进行考核。当你读完并理解了德鲁克所说的8个绩效目标的领域，再讨论怎么定目标及应该考核什么，一定会底气大增，让所有人刮目相看。

解释一下什么是通读，即不要求整本书都读通透，而是整本书先过一遍，了解整体结构及学科知识体系的大致脉络，但也不是泛泛看过就算，而是要在了解完脉络之后从头到脚地再细看一遍。还要把它放在案头，当成工具书，遇到具体问题就拿过来查一下。

你会问为什么不是精读主干类书籍，而是通读呢？因为一般来讲，主干类书籍中都是基础理论，难理解，如果你不是学者，就没有必要精读，了解其结构和脉络随时备查就可以了。

（2）当我们回到知识源头后，再去读枝杈类书籍，如罗伯特·卡普兰的《平衡计分卡——化战略为行为》，你就明确知道，这本书是"目标和考核"这个知识树上的二手信息。换句话说，只有你找到了知识的源头，知识树的主干，你的知识树才能建立起来，以后再看到关于企业目标各种各样的书和纷杂的知识信息，就知道这些信息是在这棵树的什么位置，你的知识体系就能正确建立起来。至于精读《平衡计分卡——化战略为行为》带来的优势，想必就不用我再跟你讲了。

（3）由此生发出来的树叶类的书籍很多，较好的如《OKR目标与关键成果法：盛行于硅谷创新公司的目标管理方法》《华为目标管理法》《德式执行力：达成目标最简化的三角平衡法则》等。这类书籍需要泛读，即了解其大要，如果工作中有实际用途，再根据具体情况细读。

（4）和企业目标制订相关的案例类书籍很多。甚至是说只要是你看到的企业家传记或与企业发展相关的书籍都有相关内容，如曹德旺的《心若菩提》。我与曹德旺先生见过面，在交谈中能感受到他对企业管理现实深邃的理解。在他的书中，《管理的实践》强调企业的8个关键绩效领域在福耀玻璃公司的现实运作中及在曹德旺的思考中，被生动地体现出来。

还有一个问题：想学习某个领域的知识，怎么知道这个领域里面主干类、枝杈类、树叶类和现实案例类的书到哪里去找？

首先说主干类、枝杈类书籍的寻找去处。我建议可以去翻翻专业期刊论文，看看上面引用最多的书籍和文章，或者找找别人推荐的学科经典书单（然后一本一本地看看豆瓣评分和大家的书评）；其次，找行业里面的资深人士，让他（她）给你推荐是比较靠谱的做法。需要提醒的是，在当前，各个学科中的主干类、枝杈类书籍基本上都是国外著作。例如，我选的21本学习成长类经典书籍，除了古典的《跃迁：成为高手的技术》之外，全部都是国外学者的作品，特别是美国著作居多。由于主干类和枝杈类乃至树叶类书籍的作者文化和地域相近，作者之间互相激发，能够面向知识之源反复切磋琢磨，导致国外畅销书的水准远高于国内，这也是我们和国际水准的真实差距所在。

再说现实/案例类书籍的寻找去处。这类书主要来自行业顶尖人物的最新文章、书籍或访谈。如果进行企业管理相关的学习，那么所有优秀企业家亲笔写的文章和书籍是非常棒的现实类知识。企业家都很忙没空写书（即使注明企业家亲笔，许多也是枪手操刀），所以市面上和企业相关的书籍需要慎重挑选。例如，与华为有关的书籍相当多，但除了黄卫伟的《以奋斗者为本：华为公司人力资源管理纲要》和田涛、吴春波合著的《下一个倒下的会不会是华为》等，好书并不多。此外，任正非亲笔写了多篇文章，都值得仔细捧读。

假装你要写本书

光知道读什么仍然不行，还要知道怎么读。要知道，主干类和枝杈类书籍的内容都不好懂，哪怕是其中比较好懂的《管理的实践》，我曾经给很多朋友和年轻人推荐过，反馈回来的结果是大家很难读懂读透。按照我们的直觉，如果不准备读博士，一些大部头的书是没必要看的。

这个直觉是错误的。这也是你至今还没成为高手的原因。成长需要反直觉。

让我们来做一个测试：
请你判断伏特加酒在什么温度结冰？

A. $-5°C$　　　　B. $-10°C$　　　　C. $-20°C$
D. $-30°C$　　　　F. $-40°C$　　　　G. $-50°C$

关于这个问题，所有人的直觉马上会想到水的冰点是 $0°C$，便会从 $0°C$ 出发去寻找一个自认为合理的估值。而白酒和水看上去很类似，所有人的直觉会认为白酒和水的冰点应该接近，上面那道题的普遍估值是 $-10°C$ 或 $-20°C$。实际上，纯酒精的冰点是 $-114°C$，伏特加酒

的冰点接近 –50℃。

由于人类的大脑是耗能大户,大脑约占体重的 2%,但却需要消耗 20% 的血氧和 25% 的葡萄糖,即脑所消耗的能量是它重量的 10 倍。今天的人类在生理上和距今 5 万年前的祖先们几乎是没有任何区别的,这就导致大脑有"节能"的本性,能少烧脑就少烧脑。这是在现代社会需要反直觉的最主要原因。

这些大部头的书虽然会耗费你的精力,但就耗费精力和对效能提升而言,费效比要高得多。经过前面的介绍,也许你会有点怕,为什么呢?虽然前两类书(大部头较多)的数量不大,但总需要深入"精读",听着就让人麻麻的。

我可以告诉你一个特别简单的方法来帮你对付这些大部头。

用最功利的方法加上最笨的努力来读书——假装你要写本书。

你准备学什么就写什么,如学"目标管理",就可以拟一个题目《中小企业如何定目标》。你知道写书特别辛苦,似乎是个笨办法,但这是我至今为止发现深度读书唯一的好办法。写书就是一个凝结"时间晶体"的典型过程,而你要做的事情也是如此,所以求仁得仁,通道直达。不花点力气就成为高手的捷径是没有的(也许可以给这个笨办法加一个微习惯)。

清末民初是中国的一小段文艺复兴时期。一批大师相继出现,包括梁启超、王国维、胡适、梁漱溟、章炳麟、陈寅恪、林语堂、熊十力等。其中王国维受到各方称许,梁启超、胡适、鲁迅等人对王国维都有极高的评价。

王国维在哲学、文学、戏曲、美学、史学等方面均有造诣。他的学习方法在我总结就是写书(真的要写本书)。每写一本书,王国维身边就会摊上百本书，据说屋里面下脚的地方都没有。针对写书时候冒出来的若干问题，他不断地查询出处和思路。换句话说，王国维能在不同的领域都有极高成就的原因在于他拥有极强的问题制导能力、知识搜索能力和深度学习能力。

王国维一生写书62种，门类甚众，包括关于戏曲的《宋元戏曲史》，胡适曾说："文学书内，只有王国维的《宋元戏曲史》是很好的。"鲁迅的评价是："中国有一部《流沙坠简》（罗振玉、王国维合著的考古著作）……要谈国学，那才可以算一种研究国学的书……要谈国学，他（王国维）才可以算一个研究国学的人物。"此外，王国维在词学、史学、红学、美学方面都有大作，并且质量极高。现代学者王攸欣认为："王国维寥寥几万字的《人间词话》和《红楼梦评论》比朱光潜洋洋百万字的体系建树在美学史上更有地位。"

当你明确了书的主题之后，你就会遇到问题——首先你要有一个提纲，光把这个提纲列出来就会遇到几个难题。接下来，提纲里面的每一部分应该怎么往下分，细分的每一部分要写什么要点、用什么案例等。当你开始有一堆问题的时候，你就可以开始读书了。

具体怎么读有两个注意点：

第一个注意点是不一定要按顺序读一本书。先用泛读的方式过一遍，一本书用一个小时了解其脉络，叫观其大略。

亮在荆州，以建安初与颖川石广元、徐元直、汝南孟公威等俱游学，三人务於精熟，而亮独观其大略。

——《三国志》（西晋）陈寿

在对书的核心思路、理论要点、整体结构有基本概念后，我们有什么问题，就奔着可能的问题论述点而去。迅速找到那个地方，然后来看有没有答案和感悟（此处不可急，多点耐心）。一旦有所感悟，就用自己的语言把它记下来——确保这个感悟一定是自己的而不是书上的原文。

第二个注意点就是不要做摘抄式的读书笔记。尽可能地用你自己理解的语言把它写出来，记到你要写的书里去。

为什么不要做读书笔记呢？我说说自己的失败经历，在30岁左右，我大概做过上百本书的读书笔记，大多数都是按照书的顺序完整摘抄。现在知乎上也能看到很多人做读书笔记，用脑图方式进行摘抄，看着很漂亮。不过，到今天为止，许多我自己一笔笔写下来的读书笔记，其内容我完全想不起来，只知道这本书我读过。而其中最核心的内容和最关键的概念都想不起来，有些白费功夫了。

白费功夫的主要原因是我没有用自己的语言，而是全部用"摘抄"的方式摘取了书中的"金句"来做读书笔记，同时贪大求全，要求结构完整。结果无论是结构还是那些金句，在我的记忆中都只是轻轻滑过。

请注意，我不是反对做读书笔记，而是反对做摘抄式的读书笔记。而在你主题式读书告一段落之后，利用艾德勒的方法做笔记，我觉得这是很有必要的，让你在智力上拥有对这本书的所有权。

做笔记有各式各样，多彩多姿的方法。以下是几个可以采用的方法：

（1）画底线——在主要的重点或重要又有力量的句子下画线。

（2）在画底线处的栏外再加画一道线——把你已经画线的部分再强调一遍，或是某一段很重要，但要画底线太长了，便在这一整段外加上一个记号。

（3）在空白处做星号或其他符号——要慎用，只用来强调书中十来个最重要的声明或段落即可。你可能想要将做过这样记号的地方每页折一个角，或是夹一张书签。这样你随时从书架上拿起这本书，打开你做记号的地方，就能唤醒你的记忆。

（4）在空白处编号——作者的某个论点发展出一连串的重要陈述时，可以做顺序编号。

（5）在空白处记下其他的页码——强调作者在书中其他部分也有过同样的论点，或相关的要点，或是与此处观点不同的地方。这样做能让散布全书的想法统一集中起来。许多读者会用 Cf 这样的记号，表示比较或参照的意思。

（6）将关键字或句子圈出来——这跟画底线是同样的功能。

（7）在书页的空白处做笔记——在阅读某一章节时，你可能会有些问题（或答案），在空白处记下来，这样可以帮你回想起你的问题或答案。你也可以将复杂的论点简化说明在书页的空白处。或是记下全书所有主要论点的发展顺序。书中最后一页可以用来作为个人的索引页，将作者的主要观点依序记下来。

对已经习惯做笔记的人来说，书本前面的空白页通常是非常重要的。有些人会保留这几页以盖上藏书印章。但是那不过表示了你在财务上对这本书的所有权而已。书前的空白页最好是用来记载你的思想。你读完一本书，在最后的空白页写下个人的索引后，再翻回前面的空白页，试着将全书的大纲写出来，用不着一页一页或一个重点一个重点地写（你已经在书后的空白页做过这件事了），试着将全书的整体架构写出来，列出基本的大纲与前后篇章秩序。这个大纲是在测量你是否了解了全书，这跟藏书印章不同，却能表现出你在智力上对这本书的所有权。

——《如何阅读一本书》［美］莫提默·艾德勒、查尔斯·范多伦

总结一下，我们的问题是：读什么样的书和怎么读书才能成为高手？

我的答案很简单，把书籍分类，然后通读主干类书籍，精读枝杈类书籍，泛读树叶类书籍，按比例读现实案例类书籍，以此打通"任督二脉"。之后就用"假装你要写本书"的方法带着问题读书。用最功利的方法和笨笨的努力向前进发。

"真传一句话，假传万卷书"，方法不难，就看你怎么做了。

试一试你行不行：一个月、10 000 字、专业文章

用一个月的时间写一篇 10 000 字以上的专业文章：

1. 确定主题，不要太大，要足够专业，同时你要足够感兴趣。
2. 用本章的方法确定有哪些书可以作为参考，他们的层次是怎样的。
3. 购买相关书籍，部分书籍和参考文章可从网上下载电子版。
4. 列出文章的大纲和你遇到的主要问题，越细致越好。
5. 通读、精读、泛读参考书籍。
6. 找到可以回答你问题的部分，精读之（置于手边，折页以待）。
7. 构思、撰写文章。
8. 反复读书和思考，修改文章。

提示：可以和第五章的"试一试你行不行"套裁使用，确定总体番茄时间数，用番茄工作法协助完成。

chapter eight

第八章
从知道到做到

如果不知道如何去执行,你的所有工作都将无法取得预期的结果。

——《执行:如何完成任务的学问》[美]拉里·博西迪、拉姆·查兰莉莉还是单身，前几天搬家，她告诉我，她新租的房子在五环外，离奥森不远。她说搬家最费劲的就是搬书和整理。她有满满两个书架的书，趁这机会正好整理了一下自己的"知识库存"，她发现许多书还是崭新的，完全没翻过，不过有的书上也有密密麻麻的标注，但这些标注她看起来很多已经很陌生，甚至都不像她自己写的字。还有一些参加培训时的资料，打印的课件，当时做的案例等，她还能记得起当时培训的情境，但怎么都想不起来培训时学的内容是什么。另外，她在计算机和平板计算机上存了大概10G左右的电子书、视频课程；还花了不少钱订阅专栏，微信上也收藏了一批觉得不错的文章。

在盘点了自己的"知识库存"之后，她有两个问题：

（1）为什么我学了这么多，花了不少钱，还是觉得自己没长进？

（2）为什么我十几年学的这些知识没有用到我的实际工作和生活中去？

仅仅知道是不够的

仅仅知道是不够的，从知道到做到有一道深深的鸿沟。你读的书籍也好，上的课程也罢，往往只是学到了理念和知识，至于如何执行，如何和现实结合，还需要你自己去探索。也就是说，你还需要二次学习才能做到。

"怎么把大象装进冰箱？"

"第一步，打开冰箱门。"

"第二步，把大象放进去。"

"第三步，关上冰箱门。"

"我知道你说得很对，然而，我到底应该怎么做？"

这就是多数人惯常遇到的问题：道理我懂了，但为什么仍然过不好这一生？

本书着墨更多的其实是学习的"直达方法"，第一、二、三章讲理念，而后的第四、五、六、七、八章，有5个章节都是讲直达的方法。在接受理念的同时，方法越简单，我们越有可能用起来。例如：

番茄工作法——拿个闹钟过来，上好25分钟就可以开始了。

微步骤——等女神出现，马上就可以开始了。

微习惯——今天就开始做"一个俯卧撑"。

黄金思维圈——等会老板交代工作，我先问自己一个"为什么"。

假装要写本书——定个文章标题吧，下午就开始列提纲。

如果我们希望能够"知道做到"，就要下大力气在"直达方法"上，只知道理念是远远不够的。围绕核心理念，需要构建一套有效的方法，如果没有这套方法，你的目标永远只是镜中花，水里月。

钱都花了，还需要花时间和精力么

问题在于，你真的愿意投入去执行吗？

你有没有办过健身卡？我就曾给自己和妻子办过两张，一张健身年卡一千多元，于若干年前也不算很便宜。但年底发现，最终自己和妻子都没去几次。

许多人心里默认，学习也好、健身也好，是一件需要付出成本的事情。花钱是一种成本，付出时间是另外一种成本，当我们为一件事情花钱的时候，心里已经默认我们在这件事情上付出了成本，就会心安理得。这就是买了健身卡不去、买了书不看、把文章收藏之后不读背后的原因。

从普通人的角度看，获取信息比应用信息要有趣得多。许多人用大量的时间去获取新信息，而不是将新知识应用到自己的日常生活中去。获取知识极为容易，形式多样，费用也低，还仿佛能利用碎片化时间学习。这就造成很多人对囤积知识上瘾，每天不停地在网上搜集各种知识，坚信某天会用到。实际上，你上瘾的只是囤积一种安全感和满足感，这些知识对你并没有太多用处。

获得知识花一分力气，正确理解花十分力气，做到花一百分力气

知道却不能做到有一个重要原因，就是需要花的代价太大。

获得知识要花一分力气，正确理解花十分力气，至于做到，则要花一百分力气。

在我29岁的时候，有一次我听完一位台湾老师讲的团队协作课，非常兴奋，要把他讲的内容应用到我自己的团队里去。在努力了将近一个月之后我放弃了，我发现，如果真想应用下去，就得让团队真正理解这件事，甚至为此需要改变所有人的工作习惯，自己要花费的精

力简直是天量。以当时的任务压力和团队现实而言，投入产出比有巨大问题，只能放弃了事。

一般而言，好好听课或看一本书也就一两天时间，而把课程内容或书上内容应用于实践，就至少要 10 倍的时间甚至更多。如果内容稍稍复杂一点，所需时间更是海量。即使将这些新的方法应用到实践中之后，也不见得能立竿见影产生改变。至于说改变传统习惯，形成新的习惯，需要花费的时间更可能是听课时间的 100 倍以上，这么高的成本，难怪人的改变、企业的转变都那么难。

所以，我们需要有特别的方法来协助我们执行，从知道到做到。

与"内心戏"对话，让觉察协助你执行

美国网球教练提摩西·加尔韦在 1976 年出版了《The Inner Game Of Tennis》（台湾译本直译为《网球内心戏》，国内翻译成《身心合一的奇迹力量》，由华夏出版社出版），风靡全球，历久不衰。国内译本给的副标题是"体坛顶尖选手在巅峰对决中制胜的心理秘密"，但这本书其实是一本管理学和心理学范畴的书籍（提摩西·加尔韦因此职业发生转变，成为企业顾问），讲的是执行的故事。

杰克觉得反手击球不稳定也是自己的一个大问题，于是他在午餐的时间急急跑来找我，大声叫道："我的反手一直都打得很糟，也许你能教我。"

我问："你的反手问题出在哪儿？"

"我反手引拍时，总是把球拍挥得太高。"

"你怎么知道的？"

"因为至少有5位教练都这样说过，但我就是改不过来。"

我立刻意识到这很荒谬。这位企业家能够管理好运转复杂的大型企业，但现在他却因为管不好自己的右手向我求助。

……

我让他再做了几次挥拍动作，没有给出任何意见。

"有没有好一点？"他问。

"我一直努力放低拍头。"但每次刚要向前挥拍，他的球拍又会抬起来。这样从上往下挥拍会使网球下旋，然后击球下网。

"你的反手没问题，"我安慰他，"越打越好了。我们再仔细观察一下吧。"我们来到一扇大玻璃窗前面，我让他再做一次引拍动作，同时观察镜子里的影像。他按照我说的做了，拍头太高这一典型问题再次出现，但这次他确实大吃一惊。"哦，我引拍时球拍确实太高了，都高过我的肩膀了！"他的话里面并没有评判的意思，只是吃惊地描述自己看到的情况。

……

虽然已经上过很多堂训练课，但他对于自己引拍太高这个问题，从来没有过直接的感受。他的意识始终集中于评判的过程，努力纠正这种"差劲"的击球动作，却从来都没有仔细感受过击球动作本身。

……

10分钟后，他感觉自己"状态绝佳"，停下来向我表达谢意："我真不知该如何感谢你教会我的一切，仅仅10分钟，我从你这里学到的东西，远远超过了20个小时针对反手动作的训练课。"

于是我问他："但我教给你了什么？"他沉默了整整半分钟，想要回忆起我给他讲过什么。最后他说:"我完全不记得你给我讲过任何东西!你只是在旁边观察我,然后让我比以前更仔细地观察自己的动作,我也没有刻意去想自己的反手究竟错在哪里,我只是开始观察,似乎动作就自然而然发生了改变。"

——《身心合一的奇迹力量》[美]提摩西·加尔韦

想要把事情真正做好,真正执行下去,解决方案往往是"远在天边,近在眼前"。需要我们自己和"内在我"对话,在没有外部评判的情况下搞清楚到底在发生什么事?大多数人受强大的"外在我"的影响根本没有这种对话,受外界判断的影响而放弃"活在当下,觉察自我"。

试着去觉察自己的"内心戏"——在做一件有难度的事情之前,找一张白纸,把下面三个问题写下来然后仔细想一想,用笔写下你的答案,然后再想想自己的真实想法。不管你有什么想法,直接写下来就好,不要任何价值判断⊖,真实面对自己。

Q:我真的想把这件事做好吗?好到什么程度?

A:是真的想做好……也许吧,我也有点拿不准……应该是比××做得好就行了。

Q:我真的认为这个方法有用吗?能坚持下去吗?

A:方法肯定有用……也许还需要调整一下……也许我坚持不下去。

⊖ 判断有两种基本类型,即价值判断与事实判断,该说法始于英国哲学家休谟。对主客体之间价值关系的肯定或否定性判断称为价值判断,如"这花很美";对事实的描述和判断称为事实判断,如"这花是红的"。

Q：我要为这件事花掉多长时间？

A：怎么也得坚持半年吧……也许吧……我估计能坚持到下个月就挺不错了。

本书第四章末尾提到"你有三个自己"，一个是被基因所控制的自己，一个是意识中的自己，还有一个则是来自"心声"的自己，它代表着你自己的元认知觉察。"内心戏"就是梳理来自元认知的觉察——对外是观察当下，对内是觉察自身。大多数情况下，你并没有觉察到自己的想法，没有觉察到自己真实的意图，没有觉察到自己真正的表现。

当你反复问自己的时候，才会觉察到自己的真正想法和表现。就像杰克真正觉察到自己"引拍太高"这个问题一样（即使之前已经有5个教练告诉他了）。

只有觉察，才算真正知道！觉察是元认知的基础，觉察最好的工具是黄金思维圈。在日常生活中，你随时试着觉察一下自己的行为，然后看看自己的行为之下隐含着什么样的思维模式。

（1）当你发脾气的时候，试着觉察一下自己的情绪，看看情绪从何而来，为何而来（第四章的试一试你行不行）。

（2）当看到一个让你不舒服的人，试着觉察一下他的哪一部分、什么特质让你不舒服，那个不舒服的感觉想要你做些什么，自己的这种感觉从何而来。

（3）当你开始一项工作，试着觉察自己的想法，问自己为什么要做这项工作，这项工作对你的意义在哪里，做到什么程度才会满意，并且是否真的满意。

用高效执行 4 原则推动执行

改变行为习惯，把自己从日常事务中拽出来

定了目标之后有什么好办法把它执行下去？

你给自己制定了一个美好的目标之后，是否能够完成？

至今为止，这样的目标完成了几个？

按照我在企业顾问生涯中的观察，在没有第三方介入的情况下，在生活和工作中能把计划完美执行的人只有 5% 左右。但是，会给自己定计划的人可不少，至少有 80% 的人会给自己定计划——可 100 个人中只有 5 个人能实施计划直至完成。那么，执行中的问题究竟出在哪里？执行真正的敌人究竟是谁？

在《高效能人士的执行 4 原则》中，作者告诉我们：

——执行真正的敌人是你的日常行为。

——把真正重要的事情执行下去需要改变人的行为习惯。

一言以蔽之，执行最大的挑战是改变人的行为习惯，把人从日常行为的习惯中拽出来。

如果你要改变的是日常事务的做法和已经养成的习惯，单纯对自己发号施令是不管用的（动力和毅力的方法往往不管用）。

在对自己的情况全面觉察了之后，莉莉决定开始减肥。她从心里真正认可了减肥这件事，有很充足的心理准备。她计划每天 6 点起床，出去跑步、跳绳，多消耗卡路里，至少要坚持一年。一个月过去了，莉莉产生了动摇，她觉得太累了，和她原来"沙发土豆"的习惯做法差别巨大，身体很难受。最关键的是，一个月下来上秤一称，才

减了一点点。

是不是自己的方法不对啊？还要不要坚持下去呢？

习惯的改变是一件非常难的事情。我从来没听说过一个人在改变习惯的时候游刃有余，而是通常会在习惯改变失败之后说："我简直受不了我自己，怎么会这么没毅力，一点点小事都坚持不下来。"实际上，问题不在你本身，而在于你的方法和策略。在第六章中，我介绍了微习惯的方法，除此之外，你还需要知道"执行4原则"的策略。

"执行4原则"策略的核心观点是：找到你最重要的目标，然后全力去发现最适合你的引领性指标，建立正确的反馈机制和规律问责制，如图8-1所示。

原则1：聚焦最重要目标要事第一、全神贯注

原则2：关注引领性指标行动落实、目标合理

原则3：坚持正确反馈记分衡量、一目了然

原则4：建立规律问责制实时跟进、贯彻始终

图8-1 执行4原则

看起来很简单是不是？就是定目标、找一个引领性指标，然后反馈、问责和改进。了解质量管理的人马上就会发现，不就是 PDCA 吗，很简单啊。PDCA 是什么呢？它是制造类企业全面质量管理的一套管理程序。PDCA 就是 Plan（计划）、Do（执行）、Check（检查）、Action（改进）。

没错，"执行 4 原则"的核心是 PDCA，只不过做了一点点小调整：

（1）对目标提出了具体的要求。

（2）加了一个引领性指标。

（3）对反馈和问责提出了具体的方法。

实际上，加上这些调整，它就不仅仅是一个管理思想了，也不是管理程序，它是一套具体的、行之有效的行动策略。需要强调一下，"执行 4 原则"这套策略本身并不来源于理论，而是来源于 1 500 个实践的案例。

原则 1："聚焦"最重要的目标

导致执行不力的主要原因是目标不够聚焦或不够清晰。例如，你一天 8 小时需要开两个会、回 15 封邮件、与老板沟通一次、给客户打若干个电话等，并不是说你要少做这些事，而是要缩减你心目中重要事项的数量。你需要明白，真正的绩效，并非来源于日常工作，而是来源于重要事项的完成情况。时间管理四象限法如图 8-2 所示。

如果让你自己列一张表，列出觉得重要的但不紧急的事情，只要给你时间让你想一想，一般都能列出七八条。

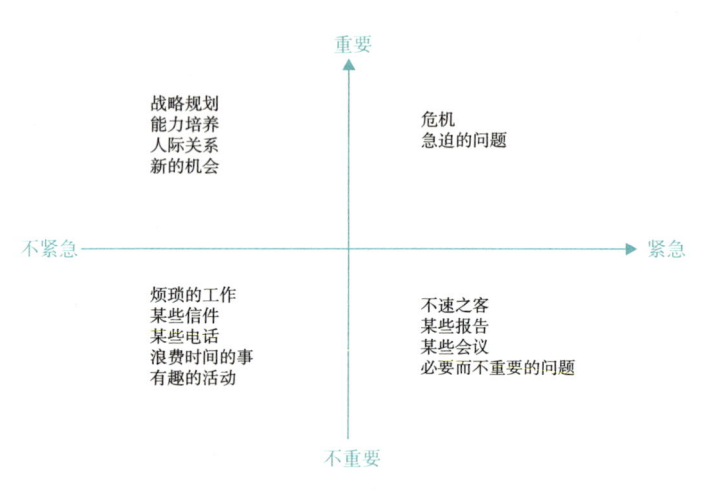

```
                        重要
                         ↑
   战略规划              │    危机
   能力培养              │    急迫的问题
   人际关系              │
   新的机会              │
                         │
  不紧急 ─────────────────┼───────────────→ 紧急
                         │
   烦琐的工作            │    不速之客
   某些信件              │    某些报告
   某些电话              │    某些会议
   浪费时间的事          │    必要而不重要的问题
   有趣的活动            │
                         │
                         ↓
                        不重要
```

图 8-2　时间管理四象限法

例如，企业定考核指标，现在比较常用的是 KPI[⊖]（关键绩效指标），然后自上而下一层层分解，每个部门／个人都会定五六条甚至更多，显得大家都责任满满，事情多多。其实既然是 KPI，其中 Key 的意思就是关键、核心，最核心的指标怎么会有这么多？

另外，KPI 现在都和工资、奖金挂钩，几乎快要成为发钱的依据了，所以它势必会偏离主题，偏离我们最应该做的事情。因此，我在企业里面经常给企业推荐 OKR[⊖]的思路，也就是一套和工资不挂钩，

⊖ KPI，关键绩效指标（Key Performance Indicator），是把企业的战略目标分解为可操作的工作目标的工具，通常用于企业的绩效管理。它的理论基础来自彼得·德鲁克的目标管理概念和维弗雷多·帕累托的帕累托法则（即二八法则）。

⊖ OKR，目标和关键成果（Objectives and Key Results），由安迪·葛鲁夫（葛鲁夫不但是企业家，还是思想者和管理大师）发明，首先应用于英特尔公司。它与 KPI 的不同在于它脱离绩效考核的范畴，更加专注于个人工作与企业目标的结合。当前，OKR 工作法广泛应用于各类企业。

而是直接和企业最主要目标相关的绩效管理办法挂钩，专注于个人目标和企业目标的一致性，真正把力量凝聚在一个点上。

无论是个人还是组织，这样做都是有科学依据的。当企业目标不凝聚的时候，企业人就趋于布朗运动，企业也就完全没有头绪，每个人自以为的重要工作都变成了低价值的日常工作。

对于个人则是神经学的依据，MIT（麻省理工学院）近年的研究表示：同时专注两件事会超过人类大脑的处理能力，当我们持续关注多个目标的时候，我们的专注深度必然下降，思考和创新能力剧烈下降。所以，你要在所有事情中找到你最关注，也是最重要的东西，同时要拒绝其他好的主意或重要的事情。

苹果公司是大公司，完全可以推出更多的产品到市场上，但是他们选择了另外一条路线，把所有力量都聚焦在几种"最重要"的产品上，如 iPod、iPhone、iMac（音乐播放器、手机、计算机在个人和企业级都只有一种产品）。反例是诺基亚和联想有不同的做法，诺基亚的开发总监曾经表示："太不公平了，我们研发了至少40种不同的手机，可苹果只做了一种就占领了市场。"联想也是这样，联想在国内是最早开始手机业务的企业，前后至少设计制造了近百个品种的手机，还分为不同的品牌，最高峰是同时运行四个品牌。杨元庆就此对《壹观察》回应："说实话，同时运营四个品牌，有1~2个品牌最后成功了，对于联想集团来说就成功了"。联想手机业务的失败令人扼腕不已，但从杨元庆的讲话中我们可以看到，有一种失败叫作必然。

当然，生命中不是只有一件事才重要，有一个理念叫平衡轮（图 8-3），它强调人生八件事，只有达到平衡，轮子才能顺利转起来。这八件事包括财务状况、自我实现、职业发展、个人成长、家庭、娱乐休闲、朋友与重要他人。

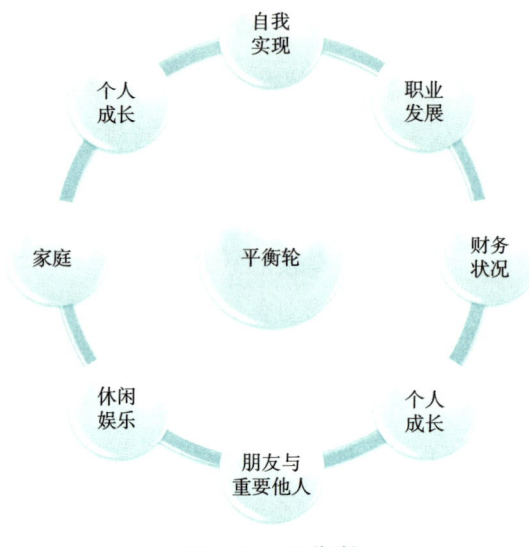

图 8-3　平衡轮

我们需要给平衡轮上的每一项都定一个单一目标。例如，在个人成长方面，某一个时间段，只给自己定一个最重要的目标，这个目标是在周而复始的日常事务之外，值得你集中所有精力去完成的事情。这样的话，你会有 8 个目标去做（别被吓倒，人本应平衡），把目标分解为适当的小计划，接下来你需要做的就是编制时间表（周、月），把这些计划——揉进去。

在聚焦你最重要的目标时，有两个方面要注意：

（1）不要去问："什么是最重要的？"而应该问："做什么能给我带来最大改变？"

（2）目标必须有明确的完成时限和标准，类似于到什么时间，把某个指标从现有的等级提升到另一个等级，如到 2019 年 6 月 30 日，我要把体重从 65 公斤减到 55 公斤。

原则 2：关注引领性指标

目标有两类，一类就是前面提到的到 6 月 30 日把体重从 65 公斤减到 55 公斤，这个叫滞后性目标。滞后性目标就是当你看到它的时候，黄花菜都凉了，如到了 6 月 30 日，你上秤一称，只减了 2.5 公斤。但不管减多少，只是一个数字，告诉你结果。在你看到这个数字的时候，所有的事情已经发生过了。另外一类指标叫引领性指标，这个指标不一样，它对达成你最终的目标提供直接反馈。例如，到 6 月 30 日还有 4 个月，你的引领性指标就可以定为每天摄入热量不超过 1 300 千卡及每天快走 5 公里。

这样按照基础代谢率来计算，人通常减 1 公斤脂肪需要消耗 8 000~9 000 千卡，那么，如果你某一天暴饮暴食，吃了近 3 000 千卡的食物，又没做运动，不用说，你超标了，持续下去，你的滞后性指标一定完不成。

引领性指标给你带来反馈，直接告诉你理想和现实的差距不大——晚饭吃少点，放下平板计算机，再出去走 3 公里就行。引领性指标比滞后性指标有用得多，它明确告诉你如何才能达到目标。

在了解了"执行 4 原则"之后，莉莉准备试一试。她开始计算每样食物的卡路里，惊讶地发现，自己每天吃的东西超过 1 800 千卡。她调整了食谱，保证每天摄入的热量不超过 1 300 千卡，然后计算自己运动量消耗的热量，每天自己心里都有本账，知道自己今天超支了没有。一个月过去了，莉莉上秤一称，减了 1.5 公斤，和自己预期的差不多，她非常高兴，因为她知道自己的减肥计划终于有希望实现了。

没有这些引领性指标的话，你就只会去反复折腾那些滞后性指标，那样将很难成功。你如果只盯着 55 公斤这个数字，就只能看到理想和现实之间有一道鸿沟，一旦上秤称几次发现体重没怎么往下掉，很容易就丧失信心，索性又开始该吃吃该喝喝，放弃锻炼。所以，越是关心滞后性指标（体重），反而越是容易减肥失败。

一个好的引领性指标有两个特点：①它有预见性；②你可以做得到。咱们分析上面那个例子，每天吃 1 300 千卡并不难，一般正常人（不是那种大胃王）每天需要 1 500 千卡，1 300 千卡其实就是正常人的"八分饱"，而快走 5 公里是很多人每天都在坚持的事情。

关注引领性指标是执行的一个大秘密。但是，引领性指标并不好找，对于很多目标来讲，你很难找到相应的引领性指标。例如，对于"在本学期末，数学成绩从 73 分提高到 90 分"这个目标，它的引领性指标是什么？是每天回家后复习数学半个小时？还是每周刷 3 套数学考试题？是专门弄一个错题本，盯住错题不断改正？还是请一个家教上门辅导？

引领性指标的理念是：成功只会被埋在一小部分有效的行为之中。究竟这一小部分行为是什么，需要你自己去寻找。一旦找到，你的目标实现就指日可待。

如果实在找不到引领性指标，还有一个替代方案：调整滞后性目标。把长目标拆短，把大目标拆细。

我在写书时，会给自己确定一个初稿截止的时间（三个月），后来发现不行，这样下去肯定会严重拖期。之后我就按照"执行4原则"改变了策略，把每一章的截止时间明确放到计划里，并且大大缩短（每章写作用5天时间）。神奇的事情发生了，初稿按期完成了。写书这件事也可以找到引领性指标，就是根据自己的习惯去琢磨写作时间安排，如最少每天6个番茄时间，用番茄时间给自己反馈。

原则3：坚持激励性记分表

激励性记分表需要设计得很简单，因为不简单你就没法坚持。简单的记分表一样能起到巨大的作用。试想一下，如果NBA篮球赛的记分牌不见了，除了某个记分员，大家谁都不知道现在比分是多少，比赛还能同样地扣人心弦吗？

事实上，记分板一旦被大风刮倒，比赛哪怕再激烈，观众立即开始各行其是——这是真实的事件，国内和国外都曾经发生过类似的事件。

做事也完全一样。以减肥为例，你可以用一张A3纸（纸要大，要醒目，像NBA的大记分牌）做一个表格，把引领性指标1 300千卡、快走5公里用红色字写在上面，然后下面是一个和日期挂钩的两栏表格，一栏是吃饭，另一栏是运动，每完成一天就打两个红色钩，没完成就打黑色叉。下面一行字是"不要掉链子！"。这样一眼就能看到自己做得好不好。

这个大记分牌的顶端，要把滞后性指标也写上去，如果有里程碑（第一个月减2.5公斤，第二个月减2.5公斤，第三个月减2.5公斤，到季度末共减7.5公斤）最好。画张图表把自己的目标清清楚楚地写上去。如果你有美术基础，画上几笔会增色不少。

再重复一下激励性记分表的要点：

（1）无论如何要简单直观，一目了然。

（2）让引领性指标有明显的完成与否的标志（如红色的"√"和黑色的"×"）。

（3）同时展示引领性指标和滞后性指标。

如果你能参加一个社区/协会/小组，说服大家（或几个朋友）采用同样的记分表做同样的事情，那你就找到了另外的乐趣。不但计划必然顺利实现，你还可以收获乐趣和友谊。

原则4：建立规律问责制

规律问责制就是定期检查事情的完成情况。一个好方法就是把你的计划告诉同事或家人，让他们给你反馈和问责。

当然，别人督促永远比不上自己反省，只有你自己才会知道这件事的价值和真正节奏。因此，建立一个明确的时间检查点是非常有必要的。

以本书的写作为例，面对高质量、有难度的五十多本经典书籍，泛读＋通读＋精读（当然多数书是之前就读过了），还要从里面理出有趣、实用的主线，最后完成一本非同凡响的书籍，是一个极有难度的任务。我给自己制作了一个积分表，把整个任务划分为11个阶段，每五天一个阶段，到什么时间完成哪个阶段都一清二楚。我确定的检查频度是每隔三天的晚上8点检查一下，看进程是否有问题，如果有问题立即反省和调整。每个阶段如果顺利完成，都给自己庆祝一下。

这就是执行计划，帮你解决大多数问题的最佳方法，简单而有效。高效执行4原则之所以会起作用，是因为它们是基于底层规律而非个人经验。个人经验往往有很大的局限性，但底层规律是不会变的，它们适用于大多数场合，类似于牛顿力学万有引力。无论你是否理解，它都在起作用。这 4 个原则不但可以用于个人，也可以用于企业和团队。事实上，这也是我给很多企业家推荐的方法。

当你用"执行 4 原则"的方法完成你的重要目标之后，你会发现成就感扑面而来。不断完成自己制订的计划会令你自信爆棚。

把大象装进冰箱

2000 年的春晚，宋丹丹的一个小品《钟点工》让一个笑话在全国妇孺皆知——把大象装进冰箱，总共分几步？分三步：第一步，打开冰箱门；第二步，把大象放进去；第三步，关上冰箱门。

这个笑话看着好像很无厘头，但是，它与我们生活和工作中遇到的问题非常相似：怎么样按期完成 ×× 项目？第一步，制订计划；第二步，执行计划；第三步，完成计划。

依照我自己的观察，如果目标并不是日常我们熟悉的内容，或者复杂一点，而执行者又没有充分认识到这一点，那么计划基本上不可能完成。

"把大象放进冰箱"是一个系统问题，我们在日常生活工作中的难题大多都是系统问题。系统问题需要进行问题分解，当你用心分解，你就会发现，总有某几个问题比其他问题更加重要：对大象的具体要求是什么？完成这件事的具体时间多长？完成这件事的预算及完成后的奖励是什么？

这就是项目管理里面的时间（Time）、质量（Quality）、成本（Cost）三要素再加一个激励要素。我们身边所有系统问题都可以从这个角度出发并进行思考，然后把大问题一步一步分解成为重要的小问题：

（1）在 8 月 21 日前于 ×× 区域捉住一头体重在 4.2 吨以下的亚洲象。

（2）在 8 月 21 日前准备好能运大象的运输工具。

（3）在 9 月 1 日前要把大象运送到 ×× 地。

（4）在 8 月 25 日前制造完成长、宽、高分别为 ××、××、×× 的冰箱。

（5）在 9 月 1 日前把该冰箱运送到 ×× 地。

……

只有足够清晰的目标才能成为"执行 4 原则"的目标。其次，如果找不到合适的引领性指标（经常发生这种情况），那么，你需要进一步拆解你的目标作为给你反馈的坐标：

（1）在 8 月 1 日前团队抵达 ×× 地。

（2）在 8 月 5 日前联系好向导，确定大象的活动范围和习惯。

（3）在 8 月 7 日前所有工具到位。

（4）在 8 月 15 日之前做好一切准备。

（5）在 8 月 21 日前于 ×× 区域捉住一头亚洲象。

……

说句实话，"执行 4 原则"很好用，但并不是每一个人都能用好。在聚焦自己最重要目标的基础上，要用"觉察"的方法，和"内在我"进行充分对话，充分认可自己的目标和准备使用的方法。

Q：我真的想把这件事做好吗？好到什么程度？

A：这次我是真的想做好这件事，好到让自己非常满意。

Q：我真的认为这个方法有用吗？能坚持下去吗？

A：那么多人都检验过了，方法肯定有用。这次我一定要坚持下去。

Q：我要为这件事花掉多长时间？

A：至少要坚持半年！我要用微习惯和番茄工作法来辅助进行。

把一件重要事情从头到尾完美执行的核心是需要"拥有解决问题的心智 + 解决问题的策略和方法"。

解决问题的心智——与"内在我"达成一致，充分了解自己的不足，了解自己真正想要什么，才能获得完美执行。

解决问题的策略和方法——高效执行4原则策略（辅以适当的方法）是一种已经得到充分验证的技术，你应该可以相信它并实践它。

当你完美执行你的计划之后，一种叫作"自我效能感"的东西会在你的头脑中产生。它会赋予你一个信念，一个使你在生活和工作的各个方面都将成功的信念。

试一试你行不行：成为一个特立独行的执行驱动者

首先解释一下这个题目里的"执行驱动者"。当前这个时代，每个人都想得太多，做得太少，这个时代稀缺的是执行。而用"执行第一"的理念来主导自己工作和生活的各类场景，叫作执行驱动。

举个例子，如果你是一个职场萌新，和一群萌新一起进入一个互联网公司，你会怎么做？

第一步，弄清楚这家公司到底想做什么？

第二步，弄清楚公司到底想要我做什么？

第三步，弄清楚自己在这家公司想得到怎么样的成长？

第四步，立大目标，清晰切分小目标。

第五步，一步一步地去完成小目标。

在别的新人等着领导给布置工作的时候，你已经行动起来，主动提交产品规划思路，主动整合其他部门资源，主动学习新的领域知识。随着一个又一个小目标的完成，你在公司的大目标有条不紊地完成。升职加薪不是你的目标，而是你调整目标的一个备注选项。

作为一个执行驱动者，特点是非常清楚自己想要什么，在多数时间都在奔着想要的东西前进，并且每一个目标都是脚踏实地，能够完成的。换句话说，从成功走向下一个成功。

你肯定会说，哇，这很酷，但是不是也很难？

从今天起，用执行驱动的方式来推进你的工作、学习和生活，试行3个月。每月月底作为节点，每到节点回顾一下，看看你会发生什么变化，如何？

chapter nine

第九章
把我们的人生变成反脆弱的人生

"啊！我的运气不好，竟遭遇到这样的事！"不，应该这样说："我好幸运，虽然遭遇这样的事，我并未受伤，既未被现状所粉碎，对将来亦无恐惧。"

——《沉思录》[古罗马]马可·奥勒留

如果有不断增长的人类知识这回事，那么我们今天就不可能预先知道我们明天才会知道的事情。

——《历史决定论的贫困》[英]卡尔·波普

如何从火鸡的经历中学习？

大哲学家罗素在阐述他的同行所谓的归纳问题或归纳性知识问题时（这显然是一切问题之母）举了一个绝妙的关于意外的例子。我们如何在逻辑上从特定的个例走向概括性的结论？我们如何知道我们已知的？我们如何知道我们的观察足以推断出对象和事件的其他特性？从观察获得的任何知识中都有陷阱。

想象一只每天有人喂食的火鸡。每次喂食都使它更加相信生命的一般法则就是每天得到"为它的最大利益着想"（政客们都这么说）的友善人类的喂食。感恩节前的星期三下午，一件意料之外的事情将发生在它身上。它将导致一次信念的转变（注：美国人在那天家家都要吃火鸡，这里说的意料之外的事情就是火鸡被宰杀）。

……

如何从过去的知识中知道未来，或更一般地说，如何从（有限的）已知推测（无限的）未知。再想想喂食的例子：一只火鸡如何通过对昨天的观察知道明天喂给它的食有多少？可能很多，但肯定比它想象的少一点，但就是那"少一点"使事情有完全的不同。

火鸡问题可以把"喂你的那只手也可能是拧断你脖子的那只手"的情况一般化。

我们再进一步探讨归纳法最令人不安的一面：反向学习。假设火鸡的经验可能不是没有价值，而是有一个负价值。它从观察中学习，正如我们都被建议的那样（毕竟这是人们相信的科学方法）。随着友好喂食次数的增加，它的信心也增加了，虽然被屠杀的危险越来越近，它却感到越来越安全。想一想，当危险最大时安全感却达到最大值！但真正的问题比这更具有普遍性，它直指经验知识本身。某种东西在过去一直起作用，直到它出乎意料地不再起作用，而我们从过去获得的知识实际上顶多是无关痛痒或虚假的知识，甚至是危险的误导。

——《黑天鹅：如何应对不可预知的未来》[美] 尼古拉斯·塔勒布

你前面已经了解了学习之道及若干个世界级的学习方法，那么你会不会去做，到底能不能坚持下去？这个问题至关重要。因为学习不容易开始、不容易坚持、不容易深入、不容易有所成就。换句话说，想要成长本身就是一件脆弱的事情。要解决这个问题，我们不能从过去的知识、普通的常识和直觉上去寻找答案。

幸好，我们有塔勒布。塔勒布的《反脆弱：从不确定性中获益》是近年来我看过的最好的一本书，他是了不起的智者。我希望能用反脆弱的概念把"学习"这件事变成一个反脆弱的事务，进而可以把我们的人生变成反脆弱的人生。

反脆弱的概念

塔勒布认为，这个世界充满了不确定性，根据抗风险能力的不同，他把世界上所有事情分为三个类别：

（1）脆弱类，如瓷器、动物园的狮子、股民、国企员工。

（2）强韧类，如石头、草原上的狮子、基金经理、小民企员工。

（3）反脆弱类，如书籍被禁、明星面对丑闻。

看了以上分类你可能会有不同意见。动物园的狮子有人喂养，怎么脆弱了？中国股民为什么是脆弱的？国企员工比小民企员工稳定多了，怎么会脆弱呢？有些书籍被禁为什么属于反脆弱类？

在现实世界里，动物园的狮子生活安稳，从不用担心挨饿，可一旦动物园出现变故（如破产或迁址），就面临生存问题；森林里的狮子，虽然捕食成功率只有 20%，有时会饿肚子，但从来不用担心这些问题。

在股票大跌的情况下，那些拿房子抵押贷款且全部买股票的人就是脆弱的。基金经理显然不同，股市下跌，他的收益虽然会缩水，但比起股民小得多，除非他也抵押贷款买股票。

国企的工作人人羡慕，而一旦企业改制，很多人不得不面临下岗的命运。还有，国企职工享受惯了福利和安稳的工作，一旦下岗，许多人生活无着。而小型民企员工本身就不稳定，为了生存大多都有一技之长，当突变临头，多数都有应变之策。如果是个体经营者，如街角便利店长或出租车司机，经济起落也好，政府政策也好，他们所受的影响微乎其微。强韧强调的是不被外界环境变化过多干扰。

反脆弱则强调在波动和不确定环境下获益和成长：

（1）有些书籍被禁后就能流传后世，如"明清十大禁毁小说"。

（2）明星被骂遭黑后知名度节节攀升。

（3）尼采说过：那些杀不死我的东西会使我变得更强大。

2003 年的一天，《纽约时报》的一位记者艾历克斯·贝伦森来到我的办公室，带来了一份有关房利美的秘密风险报告，这是一位内部人士给他的，也是一份直击风险计算方法核心的报告，只有专业人士才能看出其中的端倪——房利美用自己的方法进行风险计算，并向任何需要了解此项情况的人披露信息，无论是公众还是其他人。但是，只有深谙其道的人才能让我们看到该方法的本质，看到风险是如何计算的。我们阅读了报告：简单地说，某个经济变量的上升将导致巨大的损失，而其下降（朝相反的方向运动）则带来少量的利润。该变量如果进一步上升将导致更大的额外损失，如果进一步下降带来的利润也将更小。

……

所以，我们立刻看出了房利美的毁灭是不可避免的：它的风险显示出严重的凹性效应。

……

感谢贝伦森，感谢《纽约时报》刊登了我的关注。之后开始有人抹黑我，但这没有什么大不了的。因为当时我还将该公司的几个关键人物斥为骗子，但并未引起他们太大的反应。

最关键的是，非线性更容易受到极端事件的影响——没有人对极端事件感兴趣，因为他们普遍对其有抵触心理。我不停地告诉任何听我说话的人，包括偶然遇到的出租车司机（好吧，几乎是每个人都说了），我告诉他们房利美公司正"坐在火药桶上"。当然，爆炸不是每天都发生的（就像豆腐渣工程造出的桥梁也不是马上就会坍塌的），所以人们始终说我的看法是错误的和毫无根据的（他们的论点大多是该公司的股票还在上涨，或其他更加圆滑的说法）。我还推断其他机构，包括几乎所有的银行，也存在同样的问题。在审视了类似机构后，我看到这个问题非常普遍，我意识到银行系统的彻底崩溃是必然的。我也非常肯定自己再也看不下去了，于是我重返市场，对"火鸡"们进行报复。这就像《教父》第三部中的一段话："正当我以为自己可以置身事外时，他们却把我拉了回来。"有些事情的发生就像是早就被命运安排好了一样。房利美破产了，一同破产的还有其他一些银行，只是破产所花的时间比预期的长了一点，但这也没什么大不了的。

——《反脆弱：从不确定性中获益》［美］尼古拉斯·塔勒布

反脆弱就是在波动性和不确定性下生存和获益的。至于波动性和不确定性的概念，如金融危机、战争、全球疾病、地震海啸、公司裁员、交通事故、火灾、重大疾病等。这些因素直接导致脆弱群体遭受打击。

《反脆弱：从不确定性中获益》的作者塔勒布首先是学者，不喜欢赚钱，只花很少时间做投资，但他赚了很多钱，不到30岁就财务自由了，这源于他把知识应用于实践，真正能够知道并做到。

他发现了世界绝非正态分布，源于人性的市场大大低估了小概率事件发生的概率。而世界的本质是动荡——每隔几年或十几年就要来一次大震荡。他最喜欢的金融工具则是看跌期权，如某家房地产股，目前股价是100元。如果有一个三年期的看跌期权，执行价是50元，那么期权价格应该极低，因为似乎市面一片大好，即使有点波动，也不会跌去50%。塔勒布就会花很少的钱买入这些看跌期权。于是，让许多人惨遭打击的黑天鹅事件却让塔勒布赚得盆满钵满。

我们用黄金思维圈来理一下反脆弱这个概念。

Why：为什么你要成为一个反脆弱的人

1. 世事无常，我们面前的世界是脆弱的

现代化就是系统地将人类从充满随机性的生态环境中驱逐出去，包括物理的、社会的，甚至认识论的生态环境。

"现代性"是一种具有根本性的社会变迁，这种变迁之下，我们强调控制、强调消灭不确定性，由此导致社会越来越复杂、越来越系统化及越来越脆弱。

与现代社会相比，原来的人类社会比较强韧（如农业社会乃至于更早的小国寡民时代），外部环境的变化对我们的影响不大——一个人、一场战争、一种新技术的出现不会在极短时间内波及全球，造成巨大影响。

随着现代性的深入，我们赖以生存的系统变得越来越脆弱，而极端事件、随机事件就开始主导这个世界，正如"911"事件改变了国际政治秩序，2008年的金融危机改变了国际经济秩序一样。未来几年会发生什么？我们无法进行准确预测。

（1）现代金融体系极为脆弱，未来数年间可能发生巨大灾难。

现代金融体系是一个极为复杂的体系，庞大无比，其脆弱性已经昭然若揭。往往一个交易员的误操作就可能引发可怕后果，一个从业机构的漏洞就可能引发雪崩效应，甚至引起全球性的大型危机。

2010年的5月6日，美国证券市场莫名其妙地跌了9个百分点，相当于道琼斯指数的一千点。也就是说整个美国证券市场来了个跌停板。全球机构都不知道原因何在。美国证券交易委员会花了六个月的时间调查，才大概弄明白发生了什么——一家证券公司的交易员，在那天下午抛售一只股票，其实也是正常行为，但刚好不巧，在那个时点上买得少卖得多，导致股价暴跌。同时，由于美国各证券公司都使用计算机操盘手程序进行 HFT（高频交易），这些计算机操盘手发现这只股票暴跌的情况，就自动启动预警机制，开始策略博弈。多个 HFT 程序以疯狂的速度来进行策略博弈，快到 0.1 秒可以进行上百万次交易。根据各自的算法买入、卖出。于是，在极短的时间内，苹果的股票升到一股十万美元，而埃森哲公司跌到了一股一美分。

可以很清楚地看到，用计算机操盘手做 HFT 绝对是人类无法比拟的（2018 年 3 月 11 日，美国最大 HFT 公司之一 Virtu Financial 筹划上市。在其招股书中披露，自 2009 年 1 月 1 日～2013 年 12 月 31 日，合计五年共 1 238 个交易日，Virtu Financial 只有一天亏损，其余 1 237 天全胜）——使用 HFT 的确会给企业带来利润，但一旦稍稍失控，给全球带来的就是金融系统的灭顶之灾。这充分体现了未来的不对称性。

（2）给人类带来巨大福祉的超级工程在突发事件面前极为脆弱。

在电影《2012》中，负责修建人类方舟的是中国——全球各国认为，只有中国才有超级工程的制造能力。在真实世界里面也一样，近年来全球的超级工程以中国数量最多。以高速铁路为例，中国通车里程全球第一，在技术、速度和稳定性方面也是全球第一。同时，高铁这个超级工程对经济增长和社会福祉增长的作用都是巨大的。

但是，不知道你想过没有，高铁是一个典型的脆弱系统，它对波动完全不可接受。2011 年甬温线动车（车速 200 公里／小时）追尾事故差点就动摇了整个高速铁路的基础。高铁在舆论界成为过街老鼠人人喊打，有人把"CRH"解释成"耻辱号"或"吃人号"，甚至有人造谣说高铁有辐射，乘务员会不孕不育，甚至造成大批乘务员辞职。如果不是相关领导人出面力挺渡过难关，我们很难想象这个超级工程现在是什么样。

此外，在恐怖主义盛行的今天，高铁简直就像不设防的人体大动脉。300 公里的时速，铁轨稍微变形就会全车脱轨，导致大事故和大灾难。同理，"钢铁侠"埃隆·马斯克要建造的时速达 1 200 公里的超级高铁是更加脆弱的系统，稍有波动便使整体系统完全坍塌和失败。

整个世界的超级工程几乎都是脆弱系统（自动脑补好莱坞电影中各类高楼大厦轰然崩塌的情境）。现代性以超出我们想象的速度发展，由此创造出来脆弱的超级系统已经超出我们的理解与掌控。

（3）城市系统的容错率下降，脆弱性上升。

在数百年前，一个城市的人口超过百万就可以说是大城市了，而现代城市人口超千万已经屡见不鲜了，日本东京城市群人口已经达到 4 200 万人。当城市人口越来越多的时候，城市的容错率就会下降，脆弱性就会上升（尤其是政府希望强力控制的情况下），一旦出问题就会是灾难性问题。例如，城市断水断电、暴雨、地震、海啸、飓风等情况发生，城市系统一旦瘫痪，造成的损失将非常巨大。

特大城市作为超级系统，就像一台精密仪器，容错率极低。2008 年的一次停电，让美国佛罗里达州四百多万人的生活陷入困境。继卡特琳娜飓风之后，2017 年哈维飓风又给美国带来超过 1 800 亿美元的损失，预估直接影响人口甚至达到 1 300 万人。

2. 不要成为一只火鸡

从一个真实发生的故事说起。我自己有家管理咨询企业，你知道民营小咨询企业是很不稳定的，收入待遇和福利虽然比普通国企好一点，但对应届毕业生的吸引力并不强。一次，一位在我公司工作不到半年的员工（刚刚毕业一年多），突然跟我说要回老家河南，因为家里托关系找了个国有银行柜员的工作，让他回去进银行系统。在父母看来，银行柜员的工作太好了，又稳定又清闲，工资虽然不高但离家近，比在北京的一个民营咨询公司好到天上去了。所以，他们毫不犹豫地把孩子拉回去上班。我在这个员工离职之前跟他谈了谈，主要告诉他两点：

（1）银行的工作并不稳定。互联网技术、人工智能发展到今天，银行系统的巨变在未来5~10年是高概率事件。

（2）即使你在银行工作比较清闲，也一定要掌握一个银行相关技能之外的一技之长。

如果按照工商银行一个地方支行的情况看，如果是从银行柜员岗位入门，一般要求本科毕业（基本专业不限），能力强一些用十多年时间会做到19级岗位，也就是负责授权的营业经理，退休之前能做到17级乃至16级干部。这还要建立在银行业不发生大变化的前提下，现在银行系统9成以上的零售业务都是可以在电子渠道完成的，如果一旦裁员，柜员就是首选，而柜员的基本技能非常简单，很难在其他行业用上。

而北京民营咨询企业的咨询师，在工作几年后，由于初步建立起知识结构，并具备了一定的问题分析能力，这时或进入其他行业，如互联网等新兴行业任管理类职位，或者接触到创业机会自行创业，发展的前景都比较好。而且由于有危机感，工作动力会更强劲，学习方向更明确，即使经济波动，产业调整，影响也不会太大。

从过去的30年来看，银行职员的确是一个稳定的工作。未来如何呢？就像那只火鸡一样，我们无法通过过去的经验来判断未来到底会怎么样。在技术快速进步，未来极不确定的状况下，银行职员是极度脆弱的，反而像自由职业者、小型管理咨询公司员工会更强韧一些。

3. 反脆弱是解决焦虑的根本之道

任何一场战争、危机、潮流、技术变革都会整体性地改变这个越来越脆弱的世界。同样，你的人生也不是线性发展的，会被世界的不确定性所影响。

也许每个人的潜意识里面（那个内在我）都明白世界已经越来越脆弱（核弹哪天要爆？人工智能什么时候织成天网？天天吃的东西会改变孩子的基因？），人的本性却喜欢安全感和确定性，这也许才是焦虑感的终极来源。

每个人都要拼命学习，找到好工作，然后努力工作、升职加薪、娶妻生子、买车买房，然后继续努力，追求财务自由，找寻人生意义。在这个过程中，人生的难题接踵而至，让人没有喘息的时间及思考的时间，从网络上、媒体上、朋友口中不断发现别人比自己优秀，比自己的孩子优秀，未来一片迷茫，于是开始深深焦虑，此时要么激发斗志继续努力，要么灰心丧气暂时逃避，但无论做哪种选择，你都会越来越焦虑。

当你带着焦虑的心情追逐成功时，即使想要实现一点渺小的成果，也得耗费极大地努力。你的愿望与想法杂然纷呈，以至于尚未开工，你就已经疲累了。虽然你的身体还没有做任何事，但是你的心智早已和你所感知的环境竭力地奋战与抵抗。你还没动一束肌肉，心智已然起起伏伏，经历了光荣与挫败。甚至在你把握机会，有效地运用精力追逐目标以前，你的内心已透支了精力。"渴望"已经迫使你更难达成自己的目标。

在采取行动的时候，我们需要被成就的欲望所驱使。然而，当这种驱策力被误导时，我们便有如上了发条的机械娃娃，不由自主地在原地打转而毫无效率，我们想要轻松一下，但是不晓得该如何放下数以千计"昨天"得完成的琐事。如果我们强迫自己放慢脚步，要命的罪恶感却又来了。

——《新厚黑学：如何将灵性的潜力转化为生存竞争的武器》
朱津宁

朱津宁女士是美籍华人，在1970年即移居美国。生活经历甚为坎坷，据她自述曾饱尝心碎的滋味。正因如此，她的书饱含生活的智慧和人性的光彩。她告诉我们失败其实并不曾在，而成功在于你愿意放弃什么。

你的烦恼在于对未来不确定性的焦虑。最好的办法就是用反脆弱的思考和行为方式从根本上解决焦虑，当波动如期而至的时候，你也许由此变得更强大。这也是最近几年，终身学习成为一种潮流的原因（终身学习就是一种反脆弱的行为模式，外界波动值越高，你的学习意愿就会更强）。

How：我们应该怎么做

1. 建立反脆弱的思维

建立反脆弱思维前，需要建立一个重要的概念，即"我们生活在一个复杂系统之中"。什么是复杂系统？它是指这个系统中有许许多多元素，这些元素相互作用、互相影响。例如，我们的大脑、我们的社会、我们生活乃至我们的学习都是复杂系统。复杂系统最大的特点是不能用简单因果论来解释。例如，亚马孙雨林中一只蝴蝶翅膀偶尔振动，也许两周后就会引起美国得克萨斯州的一场龙卷风。

在查尔斯·达尔文的《物种起源》中讲过一个例子——猫、红三叶草、田鼠和土蜂之间的关系。从表面上看，猫和田鼠有食物链关系，土蜂可以给红三叶草授粉，但四者放在一起就看不出什么关系了。可是，达尔文通过观察和试验发现，红三叶草要靠土蜂在吮吸花蕊蜜腺时无意中的传花授粉才能繁荣。田鼠吃土蜂的蜜时毁坏蜂巢并消灭很多幼虫，从而减少土蜂的数量。猫又吃田鼠，从而增加土蜂的数量。所以，多养猫能使红三叶草繁荣。

不论你喜欢也好，不喜欢也罢，复杂系统导致了我们的世界不稳定、经济不稳定、产业不稳定和自然环境不稳定。

而所有的传统思维和想法都指向了"控制"。经济学的主流是用数学来预测未来经济走势，平抑"经济波动"；管理学的主流是让企业平稳发展，扼杀其中的不稳定因子；政治学更是如此，所有的不稳定因素都被政治家所深恶痛绝。毕竟，人的基因之中就充斥了喜爱安全、稳定的因子，与此同时，人的大脑偏爱单一、短期的因果论。

来看几个和我们的常识不符的现象：

（1）发豆芽的时候要压上重物，这样，豆芽才能长得更粗更长。

（2）在俄罗斯，洗冷水澡从婴儿就开始了，这样做孩子不容易得病。

（3）小剂量的毒药对身体有好处（The Dose Makes the Poison）[⊖]。

（4）有点白噪声更加容易集中精神。

[⊖] The Dose Makes the Poison，意思是剂量造成毒性。无毒不是药，无药不是毒。

（5）大型企业由于系统性地去除波动性，因此比小型企业更加脆弱（类似诺基亚和柯达公司）。

豆芽的生长系统、婴儿的免疫系统、身体的调节系统、大脑的学习系统乃至企业系统都是复杂系统，如果你希望按照自己的直觉去强力控制其发展，那么你得到的不一定是你想要得到的。

反脆弱的思维要我们逃离简单的因果论和直觉，用不确定性对抗不确定性。具体而言，可以用如下两个思维来代替原有思维：

（1）丢掉控制思维，建立容错思维。

人的控制欲来源于缺乏安全感（社会也是如此），所以看一个人控制（炫耀）什么就知道他/她缺少什么。我们需要丢掉控制思维，告诉自己绝大多数事情我们是无法控制的。建立容错思维，把握大局，为波动的发生做好物质和心态上的准备。

有趣的是，大数据也需要有容错思维。新款华为手机上自带的手机录音软件可以直接转换为文字，而且还挺准。这得益于大数据思维带来的语音识别技术。原来的语音识别采用的是语义分析法，经过多年努力，识别率最高也只有70%。基于统计的方法截然不同，它判断一个词正确与否的方法是它在类似情境下出现的概率。例如，"宫保"这个词在"鸡丁"前面出现的概率是95%，而"公报"这个词在"鸡丁"前面出现的概率不到0.01%，那么"宫保鸡丁"就肯定是对的。所以，大数据才是语音识别解决方案的真命天子（对此有兴趣的话推荐阅读吴军的《数学之美》）。

但是，在海量的数据中，只有5%的数据是结构化且能适用于传统数据库的。如果不接受容错思维，剩下95%的非结构化数据都无法利用。所以，目前主要的大数据计算模型只有抛弃精确思维，接受容错思维才能够运行。

换句话说，在复杂系统之下我们需要忽略微观层面上的精确度和控制感，容许不受控的情况发生，如此，反而可以在宏观层面拥有更好的洞察力和行动力。

（2）丢掉直觉思维，建立反直觉思维。

我们大多数人都受"隧道视野"的影响，导致我们的"长期系统"被关闭。"隧道视野"是一个心理学概念，它所指的是你在解决问题时视野变得极为狭窄，只能看到单一解决方案（例如，毫无根据地信任某个金融骗局）。原因是我们在压力之下，被迫只使用直觉来解决眼前的问题，"长期系统"被关闭，给我们的身体和心智都造成了慢性应激损伤[一]。

一阵微风从草原上吹过，斑马突然看见一只靠近的母狮子，在生存压力之下，斑马肾上腺素激增，开始飞速奔跑。在生存压力之下，听从本能直觉反应是对的。在下一秒就要被狮子吃掉的情况下，谁都不会再去想后天的考试、年底的升职加薪。

可是生活和工作的压力与斑马遇见狮子不同，对于我们来讲，生活和工作那只狮子始终在旁边虎视眈眈。它打开了我们的压力反应系统，而我们却无法关掉它[二]。简单来说，如果与应付压力有关的荷尔蒙长期处于高水平状态，会使我们的身体血压升高、血糖升高、体表

[一] 应激是一种反应模式，当刺激事件打破了有机体的平衡和负荷能力，或者超过了个体的能力所及，就会体现为压力。当身体处于慢性应激状态时，"应激激素"分泌的增加将会损害免疫系统的完整性。
[二] 观点来自斯坦福大学神经生物学家和压力专家罗伯特·萨波斯基。

血液循环不畅、胃肠功能紊乱，长期如此，我们会得很多慢性病，即我们耳熟能详的高血压、糖尿病、免疫系统损伤、心血管疾病、肥胖症、自闭症、抑郁症等。

在无法关闭压力反应系统的情况下，许多人习惯了更多地使用直觉系统思考和决策，这就给我们的心智造成不可逆的损伤。我们的直觉反应很快，但"小聪明大糊涂"，只要看到诱因，就一头扑上去。其中著名的"代表性直觉"有：胖子不是懒就是笨、女性企业高管不近人情、学会计的都木讷寡言、搞营销的都自来熟。

我们需要使用反直觉思维关闭压力反应系统。当事件发生时，反直觉思维从搜集信息开始，其思考过程和决策过程基于长期概率、深层逻辑和理性分析。

建立反脆弱的思维需要我们用混沌对抗混沌，用反直觉对抗无所不在的焦虑和压力。它是我们在现代生活中发现和掌握自己生命的一种方式。

人的本质喜爱秩序，喜欢有序而非随机，向往熵减的宇宙。但是，宇宙的本质是趋于熵增，趋于无序的[一]。我们必须适应波动和无序，而不是把脑袋埋入沙堆，对此视而不见。

2. 建立反脆弱的心态

技术进步使我们习惯于舒适的城市公寓、稳定的工作和可预测的未来，恰恰是这种环境，使我们变成那只火鸡或温水里的青蛙——如果我们过分安逸，就要考虑喂食的那只手是否会掐住我们的脖子，水温高了我们是否还能从锅里跳得出去。

[一] 熵是物理学中对"无序"的度量。熵增即无序度增加，熵减即无序度降低。

不要随大流，不要一味地追求稳定和舒适。很多人缺乏反脆弱性，就是因为害怕选择，所以人云亦云：

——把人生方向的选择权拱手让给父母。

——把财富增值的选择权拱手让给专家。

——把事业发展的选择权拱手让给上司。

——把孩子教育的选择权拱手让给学校。

正如前文中那个例子，每月3 000元钱的稳定的银行柜员和每月7 000元钱不稳定的民营企业咨询师，父母帮你选择了银行，你自己呢？你做资产配置主要听基金经理的建议，他给你选择了随大流上涨的股票，你自己呢？你的专业方向和上司让你做的事情不一致，上司让你去做文档管理，你自己呢？关于孩子的教育，一定要上小区边上那个口碑不佳的公立学校吗？

为什么我们会把选择权拱手相让？主要是因为我们不敢面对宇宙的波动和随机性，于是把自己的反脆弱性拱手相让。

试想一下，父母帮你选择是因为经验主义，但就像卡尔·波普尔所说，你没法证实太阳明早还会升起；基金经理则是一群从别人身上盗取反脆弱性的人；上司则需要控制你的反脆弱性为其所用；现在国内的中小学教育体系，则是一个"捂盖子"的体系，通过教授同样的内容和大量重复考试让孩子更加有序，实际上这是在消除孩子的反脆弱性，创造很小的收益，却冒着巨大风险，与金融系统何其相似。

有意思的是，现在流行的"佛系"本质上是一种自发的心态强韧现象。

佛系着重于看淡一切的活法和生活方式，例如：

佛系恋爱："我们恋爱吧？……你看吧，我都行""我们分手吧？……我都行，你看吧。"

佛系健身：健身房人多，没关系，有个地方洗澡就挺好。

佛系员工：平平安安上班，安安静静下班。上个班不要搞得死去活来。

佛系食客：生意好的店都在排长队，我在旁边买，味道应该也不会太差。

佛系买家：购物时，能自己解决的问题绝不找卖家咨询；买到东西后觉得不合适，没关系，不用退换。

简单分析一下，"佛系"骨子里是中国传统文化的"穷则独善其身"，出自《孟子》。这类思路和行为在三国两晋（东晋、西晋）极为盛行，它的背后是对现实中的波动和无序的无可奈何，干脆做一个在心态上强韧的人，无论世事变幻、股票涨跌、职场沉浮，都与我无关，这是自发出现的强韧（反对脆弱而不是反脆弱）心态。

不得不说，这个心态有点消极。例如，竹林七贤，在东晋的乱世中无可奈何地抱团取暖，在竹林中不拘礼法、畅饮长啸，只是为了消极躲避，在心态上进行反对脆弱的运动。但是，仅仅在心态上消极避世是没意思的，竹林七贤中的嵇康最终还是成为波动和无序的牺牲品。

面对各种波动、变化，与其被动应对（反对脆弱），不如积极选择（反脆弱）；与其在自怨自艾中浪费光阴，不如做一个反脆弱者，勇敢面对时代的变化，并从中把握机会，让自己更加强大。直面自己，直面世界的波动和不确定性。当波动发生，你才会真正具有选择权。

对此，最好的解释还是哲人尼采的那句话：那些杀不死我的东西会使我变得更强大。

3. 主动采取反脆弱的行为

讲讲《反脆弱：从不确定性中获益》这本书的作者塔勒布，我觉得他是近代最重要的思想家之一。塔勒布是信奉希腊正教会（东正教）的黎巴嫩裔美国人，祖父曾任黎巴嫩副总理，算是出身名门。

和别的学者不同，他经常身体力行自己的理论（西方版的知行合一），给自己的身体创造随机性和波动性。例如，他会狠狠地饿上自己一天，然后找一家牛排店吃到撑个半死，据他讲，这样会直线提高身体免疫力，因为狮子和我们的祖先就是这么随机性地吃肉；他会偶然不穿外套在大冷天外出——给自己创造温度变化，这样就不会轻易感冒；他会在连续长时间不睡觉之后大睡一觉。这些全都是在我们看来极不健康的生活方式。结果两年后，他发现，多余的脂肪消失了，血压也正常了。

糖尿病和阿尔茨海默病似乎在很大程度上来自饮食缺乏随机性，缺乏偶尔挨饿带来的压力。……我们摄取益生菌，因为我们不再吃足量的"脏东西"了。来苏水等消毒剂杀死了那么多"细菌"，使得儿童发育中的免疫系统被剥夺了必要的锻炼机会。口腔卫生：我不知道用沾满化学物质的牙刷刷牙是否主要是为了给牙膏行业制造利润——牙刷是普通之物，而使用牙膏可能只是为了对抗我们消耗的非自然产品，如淀粉、糖、高果糖玉米糖浆[⊖]。

——《反脆弱：从不确定性中获益》[美] 尼古拉斯·塔勒布

[⊖] 塔勒布认为淀粉（米、面）和糖这样的碳水化合物是有害的，很多健康问题都是因为这些食物引起的，而且这些食物是和海洛因一样成瘾的。

他在健身房的锻炼方法也和别人不同，他锻炼的时间极短，每次都是只做他预定好的几组训练，每次都是挑战某几块肌肉的极限，强度极大，时间很短，然后离开。但是最后他练就大块头的肌肉。按照反脆弱的逻辑，力量训练的时候其实是在小规模地撕裂肌肉，肌肉愈合的时候就变得更加粗壮、更有力量⊖。

此外，他在投资方面有独到的做法，在他眼中，波动性事件发生的概率是正常事件的 100 倍，所以他能抓住波动性和危机给金融市场带来的负面机会，从而大赚一笔（包括 1987 的黑色星期一、2001 年的"911"和 2008 年的次贷危机）。这样的机会在金融市场上并不少见，但由于认知缺失，除了塔勒布外极少有人能因此获利。

What：你应该去做什么

1. 组建一个反脆弱团队

一个好的小团队本身就是反脆弱的，当有不确定性的事情发生，大家可以互相扶助，抵御脆弱性，如组织一个小型读书会。读书显然是一个反脆弱的事情，读书会是一个小组织人群的反脆弱行为。退休之后的人们都是自组团队的高手，他们完全明白如何增强退休后生活的反脆弱性。

如有可能，让你的团队拥有不同的人，这也许在情感上让人很不舒服，但这么做可以极大地提高群体的反脆弱能力。在《对手团队》这本书中，作者多丽丝·古德温详细描述了美国总统林肯的做法——在入主白宫之后，林肯组建了一个"对手内阁"，其中的很多人是他

⊖ 据说这套方法已经开始在健身房推广，叫 hiit 高强度间歇训练法，比普通健身方法有效得多。

的大政敌。顺便说一句，美国总统奥巴马很喜欢这本书，同时他又能知道并做到，因此，希拉里成了他的国务卿。

2. 直面自己的脆弱点

找一个你觉得舒适的环境，在嘈杂的咖啡馆或月上中天的家中，拿出一张白纸放在桌面上，再拿出一支笔，把心智集中到你人生中最不愿意发生的若干件事情上来。把你心中一直在担忧的几件事——写出来。哪些事最能给自己带来打击，如果一旦发生，如何使自己变得更加强韧。

如果钱包丢了怎么办？是否应该提前把卡的信息记下来？

计算机崩溃了数据无法恢复怎么办？自己需要做什么备份？

如果得了重病怎么办？自己应该上什么样的保险？

如果公司突然要裁员怎么办？自己可以有什么样的选择？

你最不愿意面对的事情是什么？一旦发生你怎么办？

3. 让自己创造一些新的可能

在微信里面，我们都习惯用表情包表达自己的情绪和感受，表情包很丰富，有开心、愤怒、伤心、爱、点赞等。但是，这并不是让我们的表达更人性化，正好相反，这是要把人的情绪标准化，让它显得更有秩序，这是在用固定的脸谱来代替我们真正的感受。

在生活和工作里面，一味追求秩序往往会丧失创新能力。如果换个角度，我们觉得混乱的事情其实是在我们视野之外的新秩序，你理解不了所以觉得它是混乱的。我们熟悉的只是自己舒适区的秩序，就像我们总是去类似的饭馆吃饭，总是点类似的菜品一样。离开舒适区，我们会觉得一片混乱。

2014年，伦敦地铁工人爆发了一次大罢工，导致全城270个地铁站关闭了171个，大部分乘客都使用了跟平时不一样的乘车路线上班。有意思的是，罢工结束之后，并不是所有人都恢复了原有的上班路线。大约有5%的乘客继续留在了新发现的路线上！换句话说，因为这次罢工的震动，反而给了这些人一个发现更好路线的机会。蒂姆把这种震动叫作"任意的震动"（arbitrary shock）——没有精心布局，没有特定方向，就这么随机地、简单粗暴地给你震动一下。这对你来说可能就是一个非常好的创新机会。

……

而真正的创新者，不但不怕不确定性，还时刻欢迎甚至主动增加一点不确定性。

——《混乱：如何成为失控时代的掌控者》[英]蒂姆·哈福德

一切事情井然有序的背后是缺乏创造力，而混乱无序的背后可能孕育着活力和新的可能。建议你"任意震动"一下，用不同的方式去旅游；试着去你不常去的地方吃饭，或者完全随机地点些吃的；试着换个沟通方式对同事和老板；试着换一个不同的结婚纪念日庆祝方式——新可能背后，是心智的不断拓展和反脆弱性的增强。

4. 找点刺激，远离慢性应激损伤

人在压力下就会有应激反应，从生理层面来看，应激反应能在人们遭遇紧急情况时提供能量，让人体各个系统"移缓济急"。但如果压力不大，但又长期存在，对人体来说，则会产生很多负面的影响。这个影响包括两方面：一方面是对身体的影响，是导致高血压、焦虑症、慢性胃炎、甲状腺疾病的主要原因；另一方面则是心智影响，导致人越来越像机器，缺乏想象力和创造力。

在塔勒布看来，整个现代生活就是对人的一种长期慢性应激损伤：考试压力、上下班通勤、久坐、KPI、房贷，不自然的饮食。

所以，你需要去改变一下：

随机断食法：断食法有着非常长的历史，也有很多种类，公认对身体和精神有好处。我建议的随机断食法最简单，就是每周或某天随机跳过某一顿饭，由你的心情而定[一]。

静坐调息法：静坐的法门实在太多，我就不介绍了，最简单易行的就是强迫自己每天跏趺静坐 15 分钟。跏趺坐就是常说的盘坐，双盘或单盘，对经络舒展有好处。静坐时不胡思乱想，关注呼吸即可。

随机快跑法：每周两次，每次天气好或来兴趣了，在不损伤身体的情况快速奔跑，直到跑不动为止。运动对健康之所以有用，是有赖于良性应激反应的，现在流行的每天一万步其实作用并不大（步频超过 110 步 / 分钟才真正有用），每周两次快跑会引起很好的应激反应。

极限工作法：随机隔一段时间做一次大活，把自己的效率催发起来，不要管清规戒律，试着熬一次夜。

5. 双峰策略

双峰策略是《深度工作：如何有效使用每一点脑力》这本书里面提到的一个策略，借用这个提法，你可以用双峰策略作为反脆弱的工具之一。最好的作家都有自己的职业，莫言原来在报社工作，刘慈欣一直在电厂上班（似乎现在还是），哪怕是一些好的网文作家都不例外，写作只是兼职而已。

对于不是作家的你来说，是否可以去掌握另一门技能。我前面提到过，拥有你职业之外的一技之长，比如说你是个程序员，那试试画漫画吧，副业当个插画师也不错；或者你是个 4S 店的销售员，在 B 站拍点视频成为 UP 主也不错。

[一] BBC 有个纪录片《进食、断食与长寿》，其中讲到随机断食法，该纪录片影响巨大，据说有 6 亿人由此开始尝试断食及其生活方式。纪录片从优酷上可以找到。

6. 杠铃策略

杠铃策略，即关注两头，而非关注中间采用"枣核策略"。

例如，在投资方面，可以适当利用黑天鹅事件，冲抵其负面效应。用有限损失换取巨大的可能收益。就是两头下注，学习塔勒布，每年都拿出一小部分钱，押注黑天鹅事件的发生（2008年全球股灾就是典型的黑天鹅事件，塔勒布从房地产世界的脆弱性判断这迟早会发生）。和他截然不同的是，大多数人拿出大部分钱押注黑天鹅不会发生（跟风投向股市）。

这涉及我们的财务规划，也就是说拿出大部分钱进行稳健投资，获取很少但是稳定的收益；同时拿出小部分钱押注小概率事件的发生（不要拿去赌博，而是看准趋势去试错），利用随机事件的不对称性获利。当然，你要做好小部分钱损失掉的准备。

7. 减法策略

现代人有追求复杂事物的动因，以证明自己生存的价值。我们看看知乎上那些过于复杂的表述（并非专业而只是复杂）所受到的推崇就可以了解这点。

把生活简单化，不去做完全不对的事情，坚持少就是多。这就是减法策略。

生活简单化。生活方式越复杂，你就越脆弱。

不去追求不必要的舒适和金钱。例如，得一点小病不要求医问药（医源性损伤）、想想真正的财富是什么（不是酸葡萄）。

不去做完全不对的事情。我们明确知道错误的事远远多于确定知道正确的事，如闯红灯、杀人、把所有钱都压在一件事上、吸毒和抵押贷款。你难以确定什么是一定正确的，但确实知道什么是完全不正确的。避免犯大错就是减法策略的应用之一。

少就是多。道德经有云：少则得，多则惑。这是古代智慧和现代智慧的交集。

试一试你行不行：结构性的改变

我们怎么才能正视自己的无知，不因作为人类而感到羞愧，而是感到积极和自豪？但是，这可能需要我们做出一些结构性的改变。
——《反脆弱：从不确定性中获益》 尼古拉斯·塔勒布

《反脆弱：从不确定性中获益》一书从头到尾告诉我们三件事。第一，我们面对的是一个复杂的世界，在复杂世界之中，简单思考（不是生活简单化）就会成为脆弱性的牺牲品甚或于"脆弱推手"。第二，世界充斥着不对称性。最典型的就是P2P，一直有朋友问我能不能做？这种事情打死都不能做，很明显，钱放在银行的利息很确定，放到P2P的利息比银行多3倍，能达到15%，但每年利息多10万元并不会让一个拥有100万元的家庭幸福值高多少，但是一旦出问题，100万元就打水漂了，对于某些家庭来说，几乎是致命的。第三，可以用不确定性对抗不确定性。例如，可以鼓起勇气去撕裂现实（如撕裂肌肉），然后享受报复性反弹。

在充斥着不对称性的复杂世界之中，如何做出结构性的改变？这是摆在我们面前的问题。

也许，可以试着用三个平衡来正视我们的无知，改变我们的行为结构：

第一个平衡，在长期和短期利益之间进行平衡。

只看眼前，就容易在波动发生之时损失巨大，包括健康波动、职业波动、财产波动、家庭波动等。买保险就是最简单的长短平衡，无论医疗、意外、财产保险都是这样。做长期计划也是如此，为自己的职业生涯、孩子养育、家庭生活、养老做长期计划，把大的波动也考虑在内。

第二个平衡，在物质追求和蔑视物质追求之间平衡。

塔勒布在书中描写了罗马帝国的巨富塞内加（同时也是大哲学家），赛内加说："财富是聪明人的奴仆，愚笨者的主人。"我们追求现世的财富，同时我们要在心里蔑视财富的力量。一方面不要自命清高，孔子都说："富而可求也，虽执鞭之士，吾亦为之"；另一方面要蔑视财富，永远记得，你不需要拥有很多，就能拥有一个自然的生活（注意，是自然而非快乐）！

第三个平衡，在舒适享受和激进苦痛之间平衡。

古罗马皇帝马克·奥勒留同时也是斯多葛学派的哲学家（塔勒布、赛内加都是斯多葛学派一脉），有意思的是，这个希腊学派的哲学与中国道家和儒家的传统哲学有相似之处。奥勒留提出"享受而不逾度，禁绝而不以为苦"，颇似"中庸"之道。

在现代社会，物质极度发达，幸福生活似乎指向了吃喝玩乐及不负责。吃喝玩乐与不负责的最大问题就是"感知钝化"⊖，成为一只火鸡或青蛙。所以，采用杠铃策略在舒适享受和激进苦痛之间做好平衡即可。例如，一个月想怎么吃就怎么吃，再半个月禁食荤腥和甜食；一个月享受平淡无奇的舒适之旅，再半个月进行埋头苦干的刺激之行；一个月剧烈烧脑深度工作，再半个月头脑完全放空，享受海滩阳光。

试一试，看你是否能够行动起来做出结构性的改变。

⊖ 钝化是生物学术语，类似于吃得太好会引起受体钝化，即食欲不振。

chapter ten

第十章
一套反脆弱的"三一学习方法"

Dawn plays her lute before the gate of darkness, and naturally vanish when the sun comes out.

黎明在黑暗之门前弹拨她的琵琶,朝阳升起她便悄然隐去。

——《流萤集》[印度]拉宾德拉纳特·泰戈尔

在微信公众号"小鹿快跑"上看到一篇文章,描述某人真实的学习经历,相当生动:

在知乎上买了 46 次讲座,花了 1 500 元。

在微信上买了 21 次讲座,花了 500 元。

参加了一个写作培训班,花了 500 元。

在得到上买课程,花了约 300 元。

参加过两次早睡早起打卡群,花了 100 元。

购买了几个七七八八课程,花了 2 000 元。

在一年半左右的时间里面,他为自己获取各方面的信息和知识花了将近 5 000 元。结果一年半过去后,"我除了白发多了几根、皱纹多了几丝、眼袋多了几两外,一点都没有发生变化。生活品质没有提升,工作没有加薪,旅游梦想没有实现……"

有这种情况的人很多,都是一开始,通过各种渠道接触了大量看起来很有价值的信息,觉得自己受益匪浅。可时间一长,发现并没有什么用,自己的工作和生活并没有因此发生多少改变,思维和技能还在原地踏步。

其原因是对"学习"这件事的误读:

(1)大部分人接触到的只是信息,还不能称为知识。

（2）信息只有通过自己的思考之后转化为知识，而知识只有转化为在"你自己的情境"下可以使用的内容，才能称为认知。

（3）真正的"学习"是把信息转化为认知，把认知转化为行动，并从行动中感受到新的体验，人的思考才会进一步变得深刻。此后，还要通过坚持，慢慢形成好习惯，从而把知识变成本事。就像"小鸟了解飞的意思，克服了第一次飞的恐惧后，在阳光下学会真正的飞翔"一样。学习过程如图10-1所示。

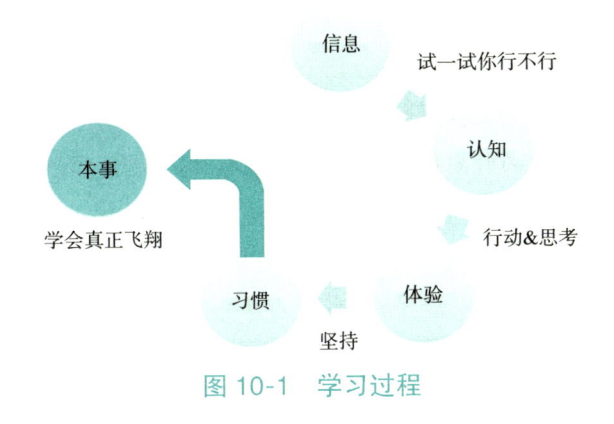

图 10-1 学习过程

一套把信息变本事的方法

当前东亚的学习理念错位

如果按照以上的逻辑来看我们的小学和中学的教育制度，就可以看到，中国、日本、韩国的学习理念完全错位，孩子学习的内容和学习方法都出了巨大问题。

中村修二是因研发蓝光 LED 而获得 2014 年度诺贝尔物理学奖的日本科学家（已经入籍美国）。他对东亚教育制度的批评非常深入：

在十九世纪之前，教育其实是个类似手工业的学徒制，不管是东方的私塾还是西方的家庭教师。但是随着科目的增加和对受基本教育的劳动人口的需求，出现了所谓的 K12（12 年级，即亚洲的中学和小学）教育制度。可汗学院的创立者萨尔曼可汗在他的《The one world schoolhouse》中指出了现代教育制度的普鲁士起源。

现代各国的标准教育模式，是我们已经以为天经地义的几个基本要素：早上七八点钟走进教学楼；在长达 40~60 分钟的课程中全程坐着听课，在课堂上，教师负责讲，学生负责听；穿插在课程之间的有午餐以及体育课的时间；放学后，学生回家做作业。在标准化课程表的禁锢下，原本浩瀚而美不胜收的人类思想领域被人为地切割成了一块块，一块块便于管理的部分，并被称为"学科"。同样，原本行云流水、融会贯通的概念被分成了一个个单独的"课程单元"。

这个模式，是在 18 世纪由普鲁士人最先实施的。他们最先发明了我们如今的课堂教学模式。普鲁士人的初衷并不是教育出能够独立思考的学生，而是大量炮制忠诚且易于管理的国民，他们在学校里学到的价值观让他们服从包括父母、老师和教堂在内的权威，当然，最终要服从国王。

当然，普鲁士教育体系在当时的很多方面都具有创新意义。这样的教育体系让上万人成了中产阶级，为德国成为工业强国提供了至关重要的原动力。基于当时的技术水平，要在普鲁士王国实现人人都接受教育的目标，最经济的方法或许就是采用普鲁士教育体制。然而，该体制阻碍了学生进行更为深入的探究，对他们独立思考的能力有害无益。不过,在 19 世纪,高水平的创造力、逻辑思维能力也许不如思想上服从指挥、行动上掌握基本技能那么重要。在十九世纪上半叶,美国基本照搬了普鲁士的教育体系,就像在普鲁士一样,这一举措能够大力推动中产阶级的构建,使他们有能力在蓬勃发展的工业领域谋得一份工作。除了美国,这个体系在十九世纪也被其他欧洲国家仿效,并推广到欧美以外其他国家。

但是,如今的经济现状已经不再需要顺从且遵守纪律的劳动阶层,相反,它对劳动者的阅读能力、数学素养和人文底蕴的要求越来越高。当今社会需要的是具有创造力、充满好奇心并能自我引导的终身学习者,需他们有能力提出新颖的想法并付诸实施,不幸的是,普鲁士教育体系的目标与这一社会需求恰恰相反。如今的教育完全忽视了人与人之间异常美妙的多样性与细微差别,而正是这些多样性性与细差别让人们在智力、想象力和天赋方面各不相同。

——《东亚教育问题的根源在哪儿?》[日] 中村修二

对于孩童应该学什么、怎么学,中国自唐朝以来采取的是书院制度,公私兼有,一般由政府或乡绅投资,当地名师聚徒讲授,并置学田以充经费。自朱熹开始,明确书院的功能和教育方法,学习以自学为主,教师指导为辅,宋朝和明朝的书院目的都是以儒家思想为核心,培养人的德行、学问,而不是以应试为目的(和官制有关)。书院和书院之间学习的内容往往差别很大,一些书院逐渐成为政治活动中心。例如,明代的东林书院,我们熟知的"风声雨声读书声,声声入耳;家事国事天下事,事事关心"就是东林书院领袖顾宪成所做。明清一代,为了控制思想,书院基本都是官家所有,教材和学习方法基本固定,学习八股文,为科学仕途之道。到 1901 年,光绪皇帝诏令各省的书院改为大学堂，各府、厅、直隶州的书院改为中学堂，各州县的书院改为小学堂。

　　书院退出历史舞台的原因是工业时代的开始。当工业时代开始，社会需要大量受过基础教育的劳动力，于是将工业化生产的模式引入教育体系，这就是普鲁士教育体系。

　　德国近代的教育制度始于1806年败给拿破仑后普鲁士邦的励精图治。时任普鲁士教育厅长的洪堡与朝野上下的共识者一同开创了服务全体公民的义务教育。封建的等级传统，德国人的务实精神，导致了封建教育制度结束后，双轨制诞生了。双轨之一是与大学衔接的文科中学，之二是训练平民子弟的国民学校和职业学校。以后经威廉二世演至魏玛共和国，此种教育体制不断强化和完善。1920年颁布的法律规定：所有儿童接受四年基础教育，四年以后开始分轨。覆盖全民与分轨制的两大特征导致德国教育在两个层面上收获了巨大的效果。在第一层面上，其义务教育和职业教育，导致德国成为文盲率最低的国家，培训出的优秀工人托举起它的制造业……在另一个层面，德国的大学和学术研究自20世纪初至第二次世界大战前，也几乎是世界第一。

　　　　　　　　　　　　　——《吾国教育病理》 郑也夫

　　在工业化大生产环境下，教育也采用了工业化的方法，用固定时间和固定教材来进行类似工业流水线的标准化作业。该体系严重扼杀了孩子的创造力和兴趣——自然法则决定了孩子应该有最多的闲暇，能自由支配自我的时间，由此产生思考和兴趣，对解决问题有自然而然的反应。工业化教育和自然法则唱对台戏，孩子居然成了全社会最忙碌、压力最大的人群。

学习的目的变成考试和测验的领先，变成了小升初的名校，变成了大学录取，变成了考取本科、硕士和博士。在我们长达 12 年的中小学教育中，孩子经历了无数的测验，他们学习不是为了长本事，而是千方百计地提高纸面分数。高分低等的问题本质就是为了把分数从 90 分提高到 95 分，花费了翻倍的时间，把好奇心和潜力耗散殆尽。

　　当服务业的产值超过工业，我们对人才的定义已经不同。彼得·德鲁克说过，我们已经进入了一个以"知识工作者"为主导的社会，不需要我们的教育体系再培养出大量顺从、有基本素质、遵守纪律的"体力工作者"。社会的变化和产业经济的变化需要我们的学习也做出重大变化。当今社会需要的是具有创造力、充满好奇心并能自我引导的终身学习者，需要他们有能力提出新颖的想法并付诸实施。换句话说，要回到学习的本源，让学习者有时间、有空间发展成为充满兴趣、充满创造力的人，成为"思想发起者""问题解决者"和"知识使用者"。

信息怎样变本事

　　东亚的学习理念走偏，导致信息没法变成认知，知识没法变成本事。不仅是学生，成人同样受到巨大影响。社会上患有"学习焦虑症"的人越来越多，知识付费大行其道。真的想要改变现状，把知识变成本事至少需要解决五个问题：

　　思想问题——为什么要学习？

　　成果问题——怎样学习才能出成果？

　　反馈问题——在学习过程中怎样获得反馈？

　　方法问题——有什么真正好的学习方法？

坚持问题——如何坚持并形成习惯？

前面的九章就是在反复阐述这五个问题，如果你只是要一套学习方法，为什么要把理论和新知讲透，把方法直接交给你不好吗？因为如果你自己的学习理念不正确，自己没想清楚，那么任何学习方法都不可能有好的效果，也无法坚持。

我们简单回顾一下。

1. 为什么要学习

第一讲就是时间管理的哲学，一般的学习方法是不谈哲学的，但不谈哲学的学习方法是没有根的，稍有变化就难以坚持。第一章里谈过两个关于时间的哲学：

（1）"活在眼前"哲学。强调把时间融入当下。你把关注的焦点集中在当下这些人、这些事上面，全心全意地去品味、去投入、去体验这一切。不要在当下想未来，而要把注意力放在当下，让未来自然发生。

（2）"生命晶体"哲学。人生要凝结出来一些能够超越时间的东西，在其中我们能获得平静和喜悦。为什么"心流"总是在工作中产生，也是这个原因。混日子或终日纯粹为了多巴胺的快感而玩游戏，最终收获的只是空虚和焦虑。

所以，在你开始之前，仔细想想你是否要活在眼前，并且必须凝结出有意思的生命晶体。有了这个思考，你才可能在未来的工作生活中去享受学习，享受并坚持学习方法（没错，我用的是享受这个词，在我看来，学习和游戏是同类事物，完全没有区别）。

2. 怎样学习才能出成果

唯有"深度"这个稀缺理念能够解决个人成果乏善可陈的问题。第二章中有这样的描述：当你进入"深度"状态后，工作效率可能是正常上班时间的 4~10 倍。不但工作效率翻倍，你还会由此进入巅峰状态，在完成任务的过程中及完成任务之后，你会对自己非常满意。自身成果飙升，工作、生活双重满意。

只有这样，把能量像探照灯一样聚焦起来，明确单一目标，以精要主义之心以一当千。才能在工作时间更少的情况下，做出你以前不可想象的成绩。

3. 在学习过程中怎样获得反馈

反馈实在太重要了，那么怎么确保你一定能够得到反馈呢？主要来自三个方面：

第一，引领性指标带来的反馈。如果你想不起来这个概念，建议你参考第八章的内容。如果以减肥为例的话，这个引领性指标就是卡路里计量值。计算你每天的卡路里摄入量，只要达标，再辅助稍稍合理的运动，你的减肥大计一定会成功。在《自控力》这本书里面，说到人的特性就是自我平衡，只要运动就会希望能吃回来，如果你在合理运动后，又能卡住卡路里指标作为你每天的自我反馈，减肥从此不会再成为问题。

第二，时间指标带来的反馈（来自第六章）。如果你定不出引领性指标（有些项目的确不好找），或者所定引领性指标不太适用于你的项目，你就直接用时间指标作为反馈。明确一个完成目标所需时间量，用时间作为度量值和反馈值。这个时间量和截止时间不一样。例如，你的目标和截止时间是 36 天之后写一篇关于"普鲁士教育"的论文出来，那么你要确定你希望花在这篇论文上的确切写作时间，如 30 小时，那么就是 72 个番茄时间，用番茄时间作为你的度量值和反馈值。每天你必须花 2 个番茄时间用来写这篇论文。然后，每天检查你是否完成了 2 个番茄时间就可以了。

第三，直观的视觉反馈。找一张大纸在显眼的位置对你坚持的情况进行检查。可以每天检查一次，也可以隔几天检查一次，如果你做到了，就打个大大的钩，没做到就打个叉，争取让你的目标不掉链子。

4. 有什么真正好的学习方法？

下文将介绍到简单但有效的组合学习方法——"三一学习法"。

老话讲"工欲善其事、必先利其器"，想把事情做好就得有趁手工具。前面我已经介绍了黄金思维圈、番茄工作法、微习惯、读书法四个工具。黄金思维圈是思考工具，是基础；番茄工作法是时间管理工具；微习惯则是习惯养成工具；同时还有信息获取工具——"三一"读书法。这四个工具是"三一学习法"的基本工具，是知识变本事的利器。

5. 如何坚持并形成习惯？

所有的方法都不容易坚持，这是边际效应的结果，或者更直观一些，叫热情递减法则。我们在第一次接触某事物的时候热情最高，随着接触次数的增多，情感体验会越来越淡漠。在你吃第一个包子的时候，你觉得非常美味，到了第八个包子你已经味同嚼蜡。你在学习的第一周自信满满，一个月后就开始厌烦，三个月之后就会把学习计划丢到九霄云外。学习是脆弱的，坚持是一个系统工程。所以，我才会拿第九章一整章来讲反脆弱的概念，我们需要给学习注入反脆弱要素：

（1）单个学习方法要具备强韧性（即容错性）。

（2）多个学习方法需要组合成为有机整体。

（3）习惯于离开自己的舒适区学习。

（4）不要每天一成不变，经常做点"大活"。

（5）用实践去检验整体方法是否脆弱。

（6）进行自我调整和自我改进。

注入反脆弱要素会让整套学习方法具备反脆弱性，从而帮你坚持下来，形成长期的学习习惯。

简单、反脆弱的"三一学习法"

"三一学习法"用一句话就可以表达清楚：在深度的世界里，用三反馈、四工具来完成你的单一目标。

黄金思维圈　　番茄工作法　　微习惯　　"三一"读书法

引领性指标反馈　　时间指标反馈

直观视觉反馈

深度　　世界

单一目标

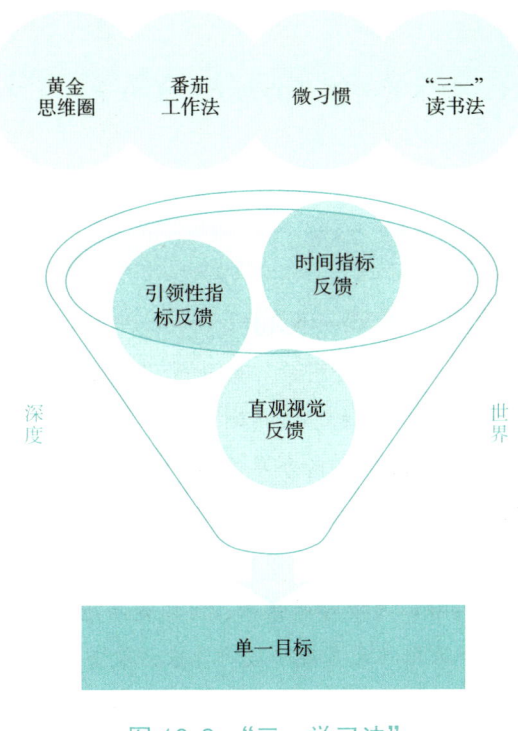

图 10-2　"三一学习法"

深度世界

连续不间断地专注投入、充分调动自己的认知和思考能力，使其尽可能逼近极限，从而得到不易得到、具有高价值的工作结果。典型的"深度"状态会有四个特征，即 STER：无自我性（Selflessness）、无时间性（Timelessness）、无刻意性（Effortlessness）、丰富性（Richness）。

无自我性，即"忘我"，关闭自我评价。

无时间性，即以全部心神沉浸当下，时间或飞速流逝，或凝滞不动。

无刻意性，即不需要额外的动力，我们能够自动自发、充满激情。

丰富性，即大脑进行广泛链接，我们灵感不断、思潮如涌。

单一目标

在一个时间段里只完成一个目标。

同时，要让你目标非常明确。要知道"目标是什么总是不清晰的"，找一张纸，把你的目标非常清晰地写在上面。

与其说你的目标为："我今年要减肥15公斤"。不如说："到2019年9月30日之前，我要把体重从90公斤减到75公斤"。

注意，目标的设定包括三个部分：

（1）你的目标可以是要学的东西，可以是要进行的项目，可以是任何内容，但这个目标一定是现阶段对你来讲最重要的东西。

（2）必须给自己一个截止时间，Deadline 的力量是非常强大的。这个截止时间在合理的情况下尽可能地短。

（3）强调数字。例如，把体重从90公斤降到75公斤。如果你要做的项目没法用数字描述，那就用文字把完成的状态描述出来，如拿到证书、完成初稿、汇报通过且客户给予书面反馈。

（4）目标分解。一个大目标需要有自己的阶段成果。例如，关于一年的目标，如果可能就把它划分为12个月，每个月都要达到一个里程碑。如果你有一个较长的目标找不到里程碑，分解不下去，就说明你的目标设定有问题。所有"时间晶体"的凝结都是可见的，都是可以用里程碑来划定的。

三个反馈

三个反馈都和目标分解相关，给你的目标带来反馈，让坚持更加容易。

（1）引领性指标带来的反馈是那些和达成关键目标关系最紧密的事情。它可以对达成你的目标提供直接的、快速的反馈。例如，每天的摄入量对于减肥这个目标就是引领性指标。

（2）时间指标带来的反馈是指明确一个完成目标所需时间量，用每天（周）在该目标上消耗的时间作为度量值和反馈值。例如，每天你必须花2小时来完成你的论文工作，那就需要每天检查是否完成。在时间指标反馈方面，番茄工作法是最佳方法。

（3）直观的视觉反馈是指制作一个视觉反馈物，把目标和完成情况写在上面。例如，在一个纸板在显眼的位置对你坚持的目标完成情况进行检查。

1）无论如何要简单直观，一目了然。

2）让引领性指标有明显的完成与否的标志（如红色的"√"和

黑色的"×")。

3）同时展示引领性指标和滞后性指标（最好有图表表示的里程碑和完成情况）。

四个工具

（1）黄金思维圈是一种全新的思维模式工具。遇事先思考 Why，然后再思考 How 和 What（Why 是目的、理念、信念，How 是方法、措施、途径，What 是现象、结果、行动）。凡事先从 Why 开始，容易发现问题的本质。

（2）番茄工作法是解决拖延症，提供时间反馈的最佳工具。强大的番茄工作法用一句话就可以说清楚："把工作时间切分为完整的 25 分钟，每个 25 分钟就叫一个番茄时间，在每个番茄时间之间休息 5 分钟。每 4 个番茄时间之间多休息一会儿。"

（3）微习惯是新习惯养成的最佳工具。用一点点努力来完成小得不可思议的每日目标，逐渐养成好的习惯，从而帮你达成心愿。

（4）"三一"读书法是学习一个领域知识的最佳读书工具。必须"通读"主干类书籍、"精读"枝杈类书籍、"泛读"树叶类知识，"按比例"读现实/案例类的书籍。在一个领域，选主干类书籍一两本（不要选多本，以防打架），枝杈类书籍两三本，树叶类书籍自选自定（往往易读）。现实/案例类书籍有些特殊，建议这类书的阅读时间占总时间的 30% 左右比较合理。同时，用"假装你要写本书"的方法，带着问题去读书，这样效果最好。

"三一学习法"的特点主要有两个：

（1）它是一套具备整体性，可以自我协调的学习方法——用哲学解决目的问题；用深度理念解决成果问题、用时间轴解决反馈问题、用心理学和管理学解决方法问题、用反脆弱理念解决坚持问题。

（2）它具有冗余性，可以灵活调整。例如，三个反馈可以单独使用，同时也可以组合使用；四个工具可以单独使用，同时也可组合使用。目标单一则更具容错性。

凡是美的东西都是脆弱的，换句话说，越是完整和复杂的系统就越脆弱。例如，GTD（Getting Things Done）学习法是一套完整的方法，但真正能把GTD学习法真正用起来的人比例很低。实际上，学习方法需要整体性、自协调，同时一定要有容错的空间，这样才容易坚持下去，并且不会半途而废。

用狂飙突进的方式深度学习

上文曾经讲过，神经生物学家已经证明，急性的压力源非常有必要，能够激发我们的斗志，能够促使我们出成果。而长期温和的压力源就像温水煮青蛙，不但无法出成果，还有损我们的健康。

用狂飙突进的方式深度学习，最容易出成果。

给你讲一个国外民间故事。说的是一位国王对他的儿子大发雷霆，发誓要用一块巨石砸儿子。可冷静下来后，他意识到自己遇到了麻烦，国王一言九鼎，食言未免有损权威。于是，国王的智囊团想出了一个解决方案。他们把大石头碎成小石子，随后就用这些石子扔向国王的儿子。可以想见，结果是完全不同的。

1 000块小石子和同等重量的大石头之间的区别，就是我们的日常工作和深度工作之间的区别，也是"慢慢推进"策略和"狂飙突进"策略之间的区别。世界上绝大部分事情都是如此，你在工作和生活中，要的是一块大石头的成果，而不是 1 000 块小石头的平庸。

那么你要怎么做呢？有两个基本方法，可以根据你的实际情况采用：第一个方法是一段时间狂飙突进式的行动；第二个方法是阶段性短时间狂飙突进。

注意这两个方法的不同。第一个方法是在一段时间里面竭尽全力，一次性解决大问题；第二个方法是每次短时间但极为专注，同时长期坚持。

举个例子，假如你要写一本书，那么从列提纲开始你就会遇到很多绕不过去的难点，那么，怎么深度进行呢？以上两个方法都可用。采用第二个方法，可以把书中的最难的部分列出来，每天拿精力最集中的一个半小时去思考并解决它，其他时间随意，这样坚持六个月后，绝对成果斐然。或者你可以用第一个方法，就像《深度工作：如何有效使用每一点脑力》那本书中讲的，离群索居三个月，一次性解决所有问题。

例如在与女孩交往时，把"将你身边的世界深度化"的概念融入和女孩交往的过程中。女孩的心理是非线性的，也就是说，一次七个半小时约会培养的感情远远高过五次一个半小时的约会，让你迅速升级关系。请你注意，这里面不是说日常陪她不重要，而是说，取得突破性成果的方法是长时间的深度约会，而巩固成果的方式则是日常的陪伴。

再如，带家人旅行有两种方法：一种方法是自己忙于工作，找一家旅行团，随便安排一次全家跟团游，反正也都是陪着家人；另一种方法是深度策划一次自助游，前期策划投入更多，时间也可以安排得更长，让自己和家人深度了解旅游目的地的精华所在，同时创造和家人深度交流的机会。两年一次的深度游绝对比一年两次的走马观花效果要好很多。

用狂飙突进的策略深度化一切重要事务：亲情、工作、爱情、娱乐，就算是打游戏，也要成为深度玩家。但是记住，狂飙突进不但耗费你的体力，也耗费你的精力，所以只有对你最重要的东西才值得深度化。

如何给你的学习注入"反脆弱"因子

你真的需要这套方法吗

想要一件东西和决心付钱完全是两件事。每个人都想要一辆特斯拉 Model X，但是，有几个人真正拥有？为什么呢？是因为你没钱吗？完全不是。

因为所有的事情都有对价，当你想要什么的时候，你得确定你是真的想还是在做白日梦。很多吵着嚷着要减肥、要学习、要进步的人都是口头说说，他们并没有准备支付对价。

有个叫布罗迪的英国教师，在整理阁楼上的旧物时，发现了一叠练习册，它们是皮特金中学 B（2）班三十一位孩子的春季作文，题目为"未来我是……"。他本以为这些东西在德军空袭伦敦时被炸飞了，没想到它们竟安然地躺在自己家里，并且一躺就是二十五年。

布罗迪顺便翻了几本，很快被孩子们千奇百怪的自我设计迷住了。例如，有个叫彼得的学生说，未来的他是海军大臣，因为有一次他在海中游泳，喝了三升海水，都没被淹死。还有一个说，自己将来必定是法国的总统，因为他能背出二十五个法国城市的名字，而同班的其他同学最多的只能背出七个。最让人称奇的，是一个叫戴维的盲人学生，他认为，将来他必定是英国的一个内阁大臣，因为在英国还没有一个盲人进入过内阁。三十一个孩子都在作文中描绘了自己的未来，有当驯狗师的，有当领航员的，有做王妃的……五花八门，千奇百怪。

布罗迪读着这些作文，突然有一种冲动：何不把这些本子重新发到同学们手中，让他们看看现在的自己是否实现了二十五年前的梦想。

当地一家报纸得知他这一想法，为他发了一则启事。没几天，书信像雪片般向布罗迪飞来。他们中间有商人、学者及政府官员，更多的是普通人。他们都表示，很想知道儿时的梦想，并且很想得到那本作文簿，布罗迪按地址一一给他们寄去。

一年后，布罗迪身边仅剩下一个作文本没人索要。他想，这个叫戴维的孩子也许死了。毕竟二十五年了，二十五年间是什么事都会发生的。

就在布罗迪准备把这个本子送给一家私人收藏馆时，他收到内阁教育大臣布伦克特的一封信。他在信中说："那个叫戴维的就是我，感谢您还为我们保存着儿时的梦想，不过我已经不需要那个本子了，因为从那时起，我的梦想就一直在我的脑子里，我没有一天放弃过。二十五年过去了，我已经实现了那个梦想。今天，我还想通过这封信告诉我其他的三十位同学，只要不让年轻时的梦想随岁月飘逝，成功总有一天会出现在你的面前。"

——《The Sun》(《太阳报》)英国

时间就像一口锅。每个人的锅里面都装满了自己喜欢的东西。如果你要做点不一样的事情，就得把原来锅里的东西拿出一点来换。换句话说，你要做的任何事情是有代价的，代价就是原来你锅里的东西。

戴维·布伦克特1997年当上英国的教育及就业大臣，没几年，由于极为出色的表现，他又晋升为英国内政大臣。他是英国历史上第一位盲人内阁大臣，是英国的传奇人物。我们来看看，他的代价是什么：

牺牲盲人学校的简单生活，去挑战正常学校。

牺牲平静的小圈子，加入自己必定会饱受白眼的社交圈。

牺牲一切娱乐时间（真的是一切）去海量阅读（盲文阅读速度比正常慢2/3）。

牺牲自己购买其他东西的花销，去购买更加得体的衣服（尽管自己看不见）。

牺牲对陌生的抗拒和休息的时间，训练导盲犬"找门"，为了拉选票要走遍大街小巷上门演说。

牺牲人类与生俱来的恐惧和自大（每时每刻都伴随在我们身边），以换取韧性和勇气。

学习方法最怕的是无法开始，学习方法最难的是无法坚持。

如果你说"理想很丰满、现实很骨感"，那是因为你没有认知到你所需要付出的代价，也没有准备好为你的梦想去支付对等的价值，所以你才无法开始、无法坚持。

小步快跑，试错迭代

"小步快跑、试错迭代"是创业和软件开发最常见的策略，也是反脆弱最典型的策略——用少量损失来提高你的反脆弱性。

硅谷的创业者兼作家埃里克·里斯在其著作《精益创业》中提出了"最小可行产品"（Minimum Viable Product，MVP）的概念——在市场不确定的情况下，先做出最小可行产品快速试错，小步快跑，最终不断修正后适应市场的需求。

举个例子，假如你比较擅长古典音乐，如果让你开一堂20讲的古典音乐赏析课，你是否会犹豫不决？如果没有硬性时间限制，你可能会一直拖下去。但是，如果我只是让你推荐大家听一听巴赫大提琴组曲，用手机上的录音功能来录一段语音，5~8分钟的时间，那你是否可以马上去做呢？一个5~8分钟的录音就是最小可行产品，然后拿它和听众不断互动，根据回馈不断改进调整。在小步快跑、试错迭代的过程里，你不但得到了市场的意见，也让你的产品逐渐成型，变得不再脆弱。

学习方法也是一样，每个人都有自己适合的方法，没有天生就能和你完全契合的学习方法。例如，所有学习方法中注意力练习都很重要，没有人能直接把自己的注意力调整成探照灯模式，直接进入深度状态。你可以按照第二章里面说的"排毒大法"来修炼一段时间进行排毒，不断试错，找到自己的节奏。微习惯、番茄工作法、黄金思维圈等都一样，行动起来，从最简单的开始尝试，开始试错，开始迭代，找到最符合你性格、环境、身体状况的最佳学习法。最终，让这套方法成为你萃取生命晶体的最佳伴侣。

给自己的学习创造波动性

简单来说，就是"作"（zuō）一下，给自己找点麻烦。例如，你在制订了一个很美的计划、养成了似乎很好的习惯之后，突然改变一下，制造一个完全不同的外部环境，如连续几天到一个特别嘈杂混乱的地方去进行深度学习；再如，忙得昏天黑地、万事不理，所有的习惯停摆，这段时间过去了再看看对你的学习方法、学习计划有什么影响。

对人类大脑来讲，一成不变地向前是最好的，但对于反脆弱则不然，否则当外界情况发生突然变化，你的学习习惯和学习方法就可能戛然而止、无法持续。

容错冗余和心理准备

人生中的重要事情都要有备份，如果做不到备份，至少我们心理上一定要做好准备。最坏的结果不是你在努力实践这套方法30天后宣告失败，最坏的结果是你无法接受失败的结果，不再进行尝试且对自己自暴自弃。

我的建议是在开始之前就做好容错冗余。如果你的自制力和注意力就是难以进入深度状态，那么就以微习惯打底，也就是说始终保持一个微小的习惯告诉自己我仍然在坚持，其次要列出A计划和B计划，通过对动力和意志力两个方面进行衡量，给自己制订A计划，定目标、定先导性指标、定节奏,深度推进你的计划。一旦 A 计划遭到意外情况打击,遭到挫折,你还有 B 计划作为冗余备份,如果这个意外是颠覆性的,要保持你的微习惯作为东山再起的资本。"打不死你的终会使你更坚强"。

此外,还要做好失败的心理准备,叔本华说过:你只能做你想做的,而不能要你想要的。也就是说,我们能负责的只是自己的行动,并不能决定成败。如果你做好了失败的心理准备,你也随时可以从头再来。

"三一学习法"的操作案例

在首都机场的咖啡厅里,埃米买了一杯咖啡,她这些年一直喝清咖啡,清咖啡能使她保持状态,也许在飞往成都途中她还要喝一杯。虽然飞行中可以放松一下,但埃米的习惯是让自己始终处于忙碌之中,一边赶着文案,空隙时间看一会儿手机里下载的美剧。电子产品的好处就是你似乎一点无聊时间都不会有,所有碎片时间都可以被充实利用。

要学会拥抱无聊——生活中我们被电子产品包围,这时候,无聊和发呆反而成为一种对心智的修复。在无聊中我们不要去给自己找更多的事情干,学会享受孤独和无聊是"深度"的前提。冥想静坐是无聊的升级版。

飞机抵达双流机场,大厅里面马自达(Mazda)的广告让埃米眼前一亮,裸眼 3D 的广告还不太多,这种新鲜感可能会让客户有兴趣。

她拍了张照片给老板和几个设计师发过去，把自己的感想在微信里说了几句。互联时代，开放及随时学习的态度是必需的。埃米这点把握得很好。

她是一家广告公司的职员，入行五年，最开始天天写软文拼流量，现在已经开始接手文案设计了。埃米对自己很严格，在几年职场生活中，自己到处学习充电，成长得挺快。公司是小公司，现在公司五个设计师中只有她一个专职文案。

埃米喜欢阅读，文笔底子相当不错，老板也比较欣赏她。

饶是如此，私底下埃米仍然觉得压力非常大，她觉得自己到了一个瓶颈，专职文案不好干，工作量也让她有点喘不过气来。

就拿这次出差来说，这次来成都是要去一家企业做项目提案，这个提案拖拉写了两周了，总感觉不到位，但也不知道问题在什么地方，总之自己不太满意。

走在凝结"生命晶体"的过程中，总是会遇见瓶颈和挑战。瓶颈的出现一般都有规律，这时候是否有好的学习方法至关重要。

到达酒店，埃米随意出门吃了一点东西就回来准备第二天给客户的提案，前面两周由于自己没有好构思，一直没完成提案，到晚上9点终于完成了。再干点什么呢，《西部世界》出第二季了，看会吧，今天早点睡。说是早睡，埃米耗到深夜一点才上床入睡。

清晨的闹钟铃声是最让人痛恨的一种声音，在闹钟的音乐声中，埃米不情愿地爬起来，用了十几分钟给自己画了个简妆，又匆匆忙忙换上一条浅红色及膝裙和一件白真丝衬衫出门。今天见的客户是一家食品公司的副总经理，这家公司不是本地企业，由于产品的口味不错,才逐渐在四川落地生根,现在希望通过广告产生更大的影响力。这位客户的专业程度明显不足,但直觉很到位,他对埃米的提案虽然不满意,却也提不出具体修改意见,只是说还需要再调整一下。总之,这一稿还是不行。

在回酒店的路上,埃米陷入一种深深的挫败感,入行五年,虽然自己职场道路显得还比较顺利,但她总是感觉焦虑不安:

(1)最近客户总是对提案不满意,这行越来越难干了。

(2)虽然老板现在对自己还不错,但自己的事情自己知道,工作能力怎样才能更进一步呢?

(3)日常工作太多,整天都被具体工作催过来赶过去,有点身不由己的感觉。

(4)自己够努力了,看了不少书和视频,但一方面是学到的东西用不上,另一方面是要学的东西实在太多,不知道该看什么。还有,自己还年轻,想玩的东西也不少,总是觉得时间和精力都不够用。

(5)受互联网冲击,广告行业似乎在走下坡路。世界级公司WPP的首席执行官都辞职了。未来职业之路究竟会怎样,感觉一片迷茫。

回到北京,老板倒是没有过于批评她,但话里话外总是不满意。埃米下班后,约了比自己入行早几年的一位师兄,带着上面的几点困惑请教他。临别的时候师兄告诉她,现在她欠缺一套好的学习方法,并塞给她一本叫《认知学习》的书,让她回去读一读。

埃米几乎用了一个晚上的时间读完这本书,并且从中学到三点:

(1)自己在文案这件事情上的确比一般人强,但到达某个水平后,就开始一遍遍重复自己擅长的事情,没有再去寻求突破。

（2）自己虽然对自身有要求，但原来给自己定的目标没想明白，而且定得太多，坚持不下来是正常的。现在需要有一个"以一当千"的单一目标。

（3）自己原来的学习方法不对，不够专注、不够深度、缺乏反馈、单位时间产出严重不足。

埃米根据自己的情况，用一周的时间去仔细琢磨，到底给自己定个什么样的目标，既能结合兴趣，又能满足工作要求。最终埃米给自己定了单一目标：

到明年的今天，成为新媒体文案的达人，拥有5 000名粉丝。

目标要做分解：

（1）给自己开一个微信公众号。

（2）每周写两篇原创文章。

（3）每天保证至少4个番茄时间用于看相关的资料及写文章。

在具体方法上，她觉得"假装要写一本书"的"三一"读书法非常好，她给自己准备写的书定了一个很没创意的书名叫《新媒体文案的写作和传播》。借写这本书的机会，她买了一些自己一直想看的经典书（纸质版），包括《引爆点》《市场营销战略》《定位》《一个广告人的自白》《你能写出好故事》《哈佛非虚构写作课》等，其他不太经典的书她也都下了电子版。

计划定好了，但到底能不能实现呢？

书上可是说，凡是计划都是脆弱的！

埃米没有被新计划冲昏头脑，她仔细想了想，以自己目前的时间来看，几乎抽不出时间来完成计划。白天4个番茄时间难以保证，只能压减晚上与朋友的社交时间及自己的娱乐时间，三个月后，自己还能坚持吗？

在思考了一段时间之后，埃米决定要按照书上讲的调整自己的作息时间，今后晚上十点半睡觉，早上 5 点起床。但心里也有些忐忑——从来没有这样做过，到底行不行？

我们想到成功，就想到更多的金钱、地位和乐趣，但你有没有想过，成功的关键不是你想要什么，而是你愿意放弃什么。

与此同时，埃米对自己的计划进行了调整，把"用番茄工作法保驾护航，每天保证至少 4 个番茄时间用于看相关的资料及写文章"改为"每天保证至少 1 个番茄时间用于看相关的资料及写文章，如果当天没完成要在后面补上"。这样的话，在极端情况下，自己能有冗余调整的空间。计划经过调整改成以下四条：

（1）给自己开一个微信公众号，名字就叫"文案达人埃米"；到明年的今天，达到 5 000 名粉丝。

（2）每天早晨 5 点起床，告诉给她送书的师兄和闺蜜小齐，让他们一起监督自己（同时鼓励小齐和自己一起早起）。

（3）用番茄工作法保驾护航，每天保证至少 1 个番茄时间用于看相关的资料及写文章，如果当天没完成就要在后面补上。

（4）每周写一篇原创文章——找一张 A2 大纸，画出 50 个格子（50 篇文章，春节 2 周除外），做到了就打个大红钩，达不成就打个大黑叉。

目标设定和分解是最难的部分，需要对自己有真正的挑战。同时在分解的时候给自己找反馈点。还有，就是注意冗余调整，给自己空间，即使遭遇极端的情况，计划仍然能够继续下去。

早晨 4：48，埃米睁开眼，这是她试验早睡早起的第二天了，没想到闹钟没响自己就自然醒了。顺手关掉闹钟，走到厨房，咕咚咕咚地把昨天准备好的一大杯白开水喝了，铺好瑜伽垫，开始跟着音乐做清晨瑜伽。

神清气爽地吃完饭，看看表，才 5：30。埃米铺好稿纸，开始给自己的书列提纲。没想到，列个提纲就遇到这么多问题，不过这样好啊，带着问题去读书效果真的不错。早晨注意力很集中，用 4 个番茄的时间埃米就解决了一个大问题，自己很有心得，本周文章就以这个心得作为核心内容了。

7：50，埃米满心喜悦地出门上班，看着街上熙来攘往的人流车流，她似乎觉得和以往的感受完全不同。

……

早晨 5：30，今天，埃米准备解决一个"大"难题——"文案达人埃米"这个公众号，到底是为了满足用户的什么痛点而设立的？她思考这个问题已经两周了，虽然有几个定位，但并不能让她兴奋起来。

她没有用番茄工作法，把铅笔和几张 A4 白纸准备好，铅笔刀也准备好，给自己泡了杯清咖啡放在手边，以防一会儿进入工作状态之后会渴。似乎是她的潜意识中已经对这个问题思考了很多，很快，一个又一个有意思的想法从埃米脑中浮现出来，令她笔不停挥，一个思路逐渐成型：

不做文案的"7H"套路去骗粉丝！

要做就做一个有鲜明埃米风格的清新文案侠！

至于什么是埃米风格，她也有了一些非常明确的想法，甚至后面三个月的文章标题她都有了完整的思路。

……

沉浸在其中，埃米感觉不到时间的流逝，直到她觉得有点疲倦，端起杯喝了口咖啡才惊讶地发现，已经7:05了，不知不觉之中她完成了一个半小时的深度工作，这种平静愉悦的感觉已经很久很久没有享受到了。不仅仅是积压的难题被轻松解决，也不仅仅是成就的感觉。埃米觉得，她来到了一个新的世界。

埃米进入了"心流"的状态，这不是每天都能遇到的。在"心流"状态下，不但达成极高的效率，而且还获得了强烈的愉悦感和满足感。

……

凌晨1:00，埃米在办公室和大家一起赶项目进度，这个项目要求太急了，明天，哦不，今天就得交初稿。埃米不得不和大家连续加了好几天的班，连续熬夜让身体疲惫不堪。最近的时间安排都被打乱了，已经连续四天没有写文章了。

在好好地补了一觉之后，埃米开始自己的番茄时间，在4个番茄时间之后，她拿出红笔，在墙上的大纸上又打了一个大大的钩。已经四个月了，自己的计划坚持了下来，尽管中间有加班的影响，自己还出去旅游了两次，但计划有冗余的特点让自己一直没有"掉链子"，而且这些波动变化还让自己对完成计划越来越有信心，这是不是能算"反脆弱"呢？

现在的问题是粉丝数量才只有1 000多人，离5 000名粉丝的目标还有距离。不过埃米觉得这不是问题，最近她正在思考的就是社群传播和运营的事情，自己的粉丝群虽然数量少，但质量很好，很多人都是企业里做相关工作的。大家留言也很积极，有些留言互动让埃米灵感涌动。还有人给埃米一个不错的录取通知，甚至有人想给她投资，拉她一起创业。

……

对了，埃米最近给自己加了一个微习惯：每天看两页（绝不多看）自己最不喜欢的哲学书。

哲学书和埃米简直就是两个世界的物种，她从小看见哲学书就头疼。不过最近，参加了一个业内大咖举办的活动，听一位她很佩服的大咖说，最好的文案人还是要懂一点点哲学。于是埃米就买了几本书，准备晚上睡觉前看，反正就两页，看着看着就睡着了，正好哈。

微习惯的好处就是简单、容易完成，每次读书总还是会多读几页，没想到，20多天下来，一本冯友兰的《中国哲学简史》也读完了。而且还读出了味道，中午吃饭的时候都时不时地蹦两个词出来，让闺蜜小齐刮目相看。

……

在坚持了十个月之后，埃米的目标达成了。她自己累计写了四十多篇原创文章，大部分的质量都相当高。粉丝也超过5 000名，几乎每篇文章发出的阅读量都超过了1 500次，评论区很热闹。老板在两个月前给埃米加薪，还问她以后的职业规划怎么打算，要不成为合伙人一起干吧。

埃米的四十多篇文章都在她"假装写本书"的框架里面，所以，不出所料，她的书再过两周也基本上完稿了。

在完稿的那天，埃米把她的书名从《新媒体文案的写作和传播》

改成了有点味道的《新媒煮酒》。顺便说一句，埃米只是在自己的公众号里面说了一句这本书的事情，昨天就已经开始有出版社的人主动上门联系，要商量给埃米出书了。要放在一年前，她可是想都不敢想的。

如果严格执行"假装写本书"的策略，最终"时间晶体"一定会发出光芒，会成为你生命之中的一盏灯。

埃米非常高兴，她准备奖励一下自己，给自己放个长假，来一次"深度"自助旅游——和男朋友一起，全程做个深度策划，不走寻常路，拍点不一样的照片，去看点不一样的景致。当然，顺便在路上要好好想想，自己的下一个"以一当千"的目标是什么。

……

（全书完）

后　记

17 条世界级的学习法则

我们身边已经被"干货",也就是被速成法则所包围,例如:"女人懂这 8 句话,就能留住男人的心;低成本创业的 5 个最佳方法;一个月涨粉 10 万人的三大秘诀"。

其实网上所谓的干货,不过是总结出来的 1234,如果这个世界靠 1234 就能搞定,那每一个人都能轻松成功。因此,以下内容最初我是不准备写出来的,我从所研读的 21 本心理学、管理学、行为科学和成功学经典中摘出了共性的 17 条法则,这些法则都是在学习成长方面的世界级共识,同时也是学习成长的规律,世界照此运行。但我担心,你会因为没有耐心读完整本书而只去关注这 17 条法则,罔顾法则背后的思考和现实逻辑。

在一个信息无比丰富,却 99.99% 都没用的世界里,你对一件事的深入见解才有真正的力量。而深入的见解埋在你阅读之中的思考和阅读之后的总结之中。换句话说,只有你自己总结出来的法则才是属于你自己的认知,才有可能真正用于工作和生活之中,而只看这 17 条法则几乎毫无用处。

认知学习：
焦虑时代如何高效学习

不管怎样，为了查阅方便，我还是将这17条法则列于书后。我希望，你能够在通读本书的基础上再来翻阅这些法则，希望你能拥有真正的认知。

1. "时间晶体"法则

"日何为而照耀？地何为而运转？山何为而峙？水何为而流？云何为而舒卷？风何为而飘荡？"人生的意义在于凝结时间的晶体，享受在有限中活出无限。尽可能在你有限的生命中留下一些可以让自己和他人回味的东西，在这个过程中，你会在不经意间邂逅人生的最佳体验，以及"时间晶体"的衍生品——平静和幸福。

2. "深度"法则

时间是最公平的。每个人一天都是24小时，但是不同人的产出却天差地别。决定你价值的，并非那些琐碎、肤浅的表象，而在于"水面"之下真正的"深度"，即通过连续不断地专注投入、充分调动自己的认知和思考能力，使其尽可能逼近极限，从而得到不易得到、具有高价值的工作结果。它能完美地解决你个人成果乏善可陈的问题。你可以把"深度"法则用于工作、学习和生活，在STER的状态下（参看第二章），它无往而不利。

3. "信息高速路"法则

在大脑中有一种物质叫髓鞘，髓鞘是包裹在神经细胞轴突外面的一层膜，其作用是绝缘，当髓鞘形成之后，在神经元之间传递的神经信号就能以 10 倍速的方式进行传递。换句话说，髓鞘就是我们大脑中的高速公路。通过高强度地重复练习在我们的大脑中就能形成信息高速路，在遇见相关情境时，让你拥有超乎常人的记忆力、复杂问题的快速解决能力及其他天才般的表现。

4. "任务驱动"法则

无论是工作、学习还是生活，无论是眼前的苟且还是诗和远方，你都需要给自己一个任务。在强大任务的驱动下，你才有可能不追剧、不看微信、不刷朋友圈、不伸懒腰、不胡思乱想，把乱七八糟的其他事都抛在脑后，利用每一束神经元来极大地提升你的效率。用任务来驱动自己是必需的条件，没有任务就没有方向。要注意，给自己定的任务目标不能太简单，挑战越高，驱动力越强。

5. "精要"法则

几乎所有的一切都是毫无价值的，只有极少量事物具有非凡的价值，这是我们无法挣脱的现实。"精要"的意思就是"少就是多"，这对于碎片化的时代简直太正确不过了。在现代社会，"忙"成为成功的标志，你要是有闲暇时光似乎就表示"你无能、你摸鱼、你失业了、你是一个失败者"，不过，就像张艾嘉"忙与盲"那首歌中所唱：

"忙是为了自己的理想，还是为了不让别人失望……盲得已经没有主张、盲得已经失去方向……忙得分不清欢喜和忧伤，忙得没有时间痛哭一场。"

我们在成功和忙碌之间画了等号，花了太多时间和精力在不必要的事情上。绝大多数情况下，我们应该过精要主义的生活——把自身的能量像探照灯一样聚焦起来，完成真正需要完成的任务。

6. "学习区"法则

我们有三个认知外部世界的同心圆（参看第三章），最里面的圆是舒适区，舒适区里面都是对你没有难度、驾轻就熟的事情；中间的是学习区，是对你有挑战的区域；最外层的是恐慌区，有太多新认知，是让你待久了就会崩溃的区域。公认的法则是我们应该把更多的时间放在学习区，去尝试新鲜的事物，探索未知的领域。不要让自己的人生太过于有序，乱一点对学习和成长非常有益——我们觉得混乱的事情其实是在我们视野之外的新秩序，你理解不了所以觉得它是混乱的。例如，认识新的朋友、与一群不熟的人聊新的技术、挑战自己技能的极限、用左手写字、上下班走条没走过的路等。

7. "基因限制"法则

人类的思考实际上被自己的身体和基因限制住了。在我们的身体中埋着"自动化思维"的基因，这种思维模式凭借我们过往的直觉和经验，不需要运用我们的理性思维去思考。背后的原因在于人类的本能是节省能量（数万年以来，人类必须要节省能量才能生存下来），不经过思考直接做决策，这是最节省大脑能量的方式。就像哲学家罗素所说：大部分人宁愿死也不愿思考。多数人懒得想、懒得问、懒得与现实结合、懒得去思考问题，这和我们的基因和生存本能息息相关。值得庆幸的是，少有人走的路，往往有不一般的风景。

8."专注度"法则

真正稀缺的不是知识，而是注意力。人类注意力的结构像一个跷跷板，一端是专注，另一端是神游。没有专注就没有成长，也没有产出。高质量产出＝时间 × 专注度。如果你的专注度达到最高，单位时间里的产出也将实现最大化。唯有专注，才能充分隔离相关神经回路，迫使某一特定大脑回路在隔离的区域不断地燃烧，反复利用同一大脑回路，就能促使少突胶质细胞在这个回路的神经元周围包裹髓磷脂，继而形成髓鞘，修通脑中的信息高速路。

从哲学的角度来看，对事务的专注就是活在当下，既不执着于过去，也不为未来担忧。"饥来吃饭困来眠"，意识到幸福已经具足，才会带来长久的安宁与快乐。

9."狂飙突进"法则

为什么很多人能赶在 Deadline 之前完成任务？因为它给你巨大压力，让你有可能狂飙突进，在短时间内完成不可能的任务。神经生物学家已经证明，急性的压力源非常有必要，它能够激发我们的斗志，能够促使我们出成果。狂飙突进用竭尽全力的方式解决问题，让我们得到更深入的体验，同时避免慢性应激损伤。狂飙突进不是一个工具或方法，它是我们所在世界的运行规律，倒逼自己一下，对你的学习与成长非常必要。

10."链接学习"法则

学习本身就是以神经链接为基础的，在刺激与反应之间建立链接的过程。你的链接越多，你学习的效果越好。"链接学习"是无可置疑的世界法则，它分为两类：第一类是不同门类知识的链接，尽可能把你脑中各类不同学科、不同领域的知识串起来——小说和人工智能、法律和艺术、国学和心理学等，中国古代管这样的人叫"通人"，他们并不死读书，而是博览群书之后融会贯通。第二类是和其他人之间建立链接。例如，将对同一件事情感兴趣的人聚集起来搞个"抱团学习"，或者加入一个线上或线下的团体，主动与他人沟通，成为世界的路由器之一。

11. "引力和审查"法则

我们的大脑和身体倾向于执行原有的习惯/行为，对抗新的行为。每当新行为产生，原有的行为会产生一种引力，让身体和思想回到原有轨道。例如，原有的"沙发土豆"习惯会时时产生一种吸引力，让你去健身的想法受到干扰。同时，我们的大脑有一个审查机制，凡是新行为它都会予以审查，只有审查通过才会放行。而只有当你的新行为已经成为习惯，引力和审查才不再出现。就是这个原因，让我们希望养成新习惯、希望明天的自己与现在不同的愿望屡屡落空。

12. "主题阅读"法则

如何在较短时间内通过阅读书籍构建自己的知识体系？首先，你不要试图在太大的范围内建构知识体系，这不太现实。你必须把自己的视野限制在一个小的领域，然后用主题阅读的方式完成它——在分工细化且专业日益精深的今天，即使是一个小领域也需要"主题阅读"法则。做法就是就同一个主题阅读多本书,以期在该主题领域建立知识体系。

先对主题领域的书籍分类(小说、诗歌等门类很难进行主题阅读),我们要读的书基本可以分为四个大类别:第一类,知识的源头;第二类,在知识源头的基础上实践或阐发;第三类,着重于问题的解决;第四类,案例类。在一个小领域内选一本第一类(初期不要选多本,以防打架),两三本第二类,第三类自选自定(往往易读)。第四类有些特殊,我的建议是这类书的阅读时间占总时间的 30% 左右比较合理。在短时间内要通过主题阅读上一个大台阶,建立知识体系,必须"通读"第一类书籍、"精读"第二类书籍、"泛读"第三类书籍,"按比例"读第四类书籍(参看第七章)。

13. "觉察"法则

在第一章的"试一试你行不行"中,我建议你进行禅修。在第五章的"试一试你行不行"中,我建议你学会和自己对话,发现元认知。这两者都指向同一件事——觉察。当你愤怒的时候,你是否知道愤怒的源头在哪里?当你悲伤的时候,你是否专注地体验悲从何来?

"觉察"就是保持你的注意力于当下的时刻,不做自我评判,模拟灵魂出窍,纯粹用一个外部观察者的好奇心态来看自己,来体会自己的感受——这是一种智者的心智模式。

14. "即时反馈"法则

"即时反馈"是当你做了某件事之后,立即就得到反馈。它是有效学习机制中非常重要的一环。游戏为什么好玩？因为它们给你即时反馈，小游戏是 3 分钟一局；"荒野求生"和"王者荣耀"平均 15 分钟就给你一个强烈反馈；美剧 30 分钟一集，每集都给你惊喜和刺激。而锻炼身体、写一份报告、读一本好书，它的反馈也许是一周、一个月，也许得等一年。所以，我们需要给自己创造即时反馈的条件，番茄工作法和引领性指标都是这样的好工具（参看第五章和第八章）。

15. "视觉反馈"法则

我们受基因限制，往往不经过思考直接做决策，正因为如此，视觉反馈的重要性大大提升。我们为完成一个目标，需要制作一个视觉反馈物，把目标和完成情况写在上面，越细致明确、越简单直观、完成和未完成的标识越醒目，我们能顺利完成目标的可能性就越大。

16. "对价"法则

万事万物皆有其对价。得之太易必然不被珍惜，唯有付出对价（时间或其他），你才能获得真正的成长和感悟。很多吵着嚷着要减肥、要学习、要进步的人都是口头说说，他们并没有准备支付对价。我们的人生就像一个大旅行包，容积相对固定，你要往里面塞一样新的东西，你就必须扔掉原来的一件东西，这就是对价法则。

17. "冗余和容错"法则

冗余这个词看起来是个贬义词，但它是我们这个世界风险管理的重要特征——人有两个肺、两个肾和两个鼻孔，这是典型的备用风险管理系统。在学习和成长的过程中，我们也要给自己的人生制造/创造冗余，让自己有容错的空间。要知道，越是复杂且长期的计划，就越需要大量冗余才能顺利执行。冗余和容错空间让我们一旦出现意外情况，即使遭受重大挫折，也还有东山再起的可能——打不死我的终会使我更坚强（参看第九章）。

欢迎大家给我发邮件，谈谈你们对这本书的感受，也谈谈你们自己的学习和成长经历。我的邮箱地址：wangpeng98@163.com。

参考书目推介

21 本经典书籍

《心流：最优体验心理学》（*Flow: The Psychology of Optimal Experience*）
米哈里·契克森米哈赖（Mihaly Csikszentmihalyi）
中信出版集团　2017 年 11 月

"心流"所描述的并不是一个全新的情境，庄子早已经将其描绘得非常生动："庖丁为文惠君解牛，手之所触，肩之所倚，足之所履，膝之所踦，砉然向然，奏刀騞然，莫不中音。合于《桑林》之舞，乃中《经首》之会……提刀而立，为之四顾，为之踌躇满志。"在过去的数千年间，东西方文化都有类似的描述，但米哈里·契克森米哈赖是第一个提出"心流"理论的人，据说"心流"过程能让人的认知能力和学习能力提高 4~5 倍。总之，这本书是一本奇书，值得一读，并值得用我们的余生去尝试这人生最佳体验——"心流"。

《津巴多时间心理学》（*Time Paradox: The New Psychology of Time that Will Change Your Life*）
菲利普·津巴多（Philip Zimbardo）　约翰·博伊德（John Boyd）
万卷出版公司　2010 年 8 月

我们被时间支配，而不是支配时间。我们长大、工作、娶妻生子、渐渐老去，我们到处乱跑，却发现自己哪儿也到不了，在绝望之中，我们创造了"时间管理"这个概念。菲利普·津巴多是阐述这个概念的佼佼者，他给我们介绍了人生的 3 大"时区"、6 大"时间人格"和 6 种"时间悖论"，剖析了人们对时间观的种种表现。事实上，阅读大部分"时间管理"的书都收效甚微，反而是似乎没有讲述什么方法的《津巴多时间心理学》能让我们明白一些事实，有助于我们在绝望中和时间妥协。

《深度工作：如何有效使用每一点脑力》（*Deep Work: Rules for Focused Success in a Distracted World*）

卡尔·纽波特（Cal Newport）

江西人民出版社　2017 年 7 月

本书的作者是 MIT（麻省理工学院）计算机博士卡尔·纽波特，他是美国广受欢迎的学习达人。用"深度"的理念来代替"肤浅"，可以说是将人们从技术进步导致的异化状态中解救出来的良药。人生需要成果和意义，如果想要找到一本关于如何获得人生成果的佳作，那么没有比纽波特的这本集理论性和操作性于一体的书更好的了。

《反脆弱：从不确定性中获益》（*Antifragile: Things that Gain from Disorder*）

纳西姆·尼古拉斯·塔勒布（Nassim Nicholas Taleb）

中信出版社　2014 年 1 月

我是本书作者塔勒布的忠实粉丝，这位老兄不走寻常路，喜欢和主流学术圈和"脆弱推手"们直接硬杠。这本书是他写的三部曲中最值得品读的一本。建立反脆弱的思维是我们在混沌中发现掌握自己生命的一种方式。人的本质是喜爱秩序，喜欢有序而非随机，向往熵减的宇宙。但是，宇宙的本质是趋于熵增，趋于无序的。我们必须适应波动和无序，而不是把脑袋埋入沙堆，对此视而不见。无论你的学术背景和职业背景如何，这本书都是必读书目中的一本。

《高效能人士的执行4原则》（The 4 Disciplines of Execution: Achieving Your Wildly Important Goals）

克里斯·麦克切斯尼（Chris McChesney） 肖恩·柯维（Sean Covey） 吉姆·霍林（Jim Huling）

中国青年出版社　2013年2月

这是一本管理咨询企业为了推广业务所撰写的书，基于上千个案例和500家公司的实践，证实了"4原则"对于执行的巨大推动力。奇特的是，这本面向团队管理者和执行者的书籍同时受到个人学习者的热烈欢迎。的确，书中所强调的"单一战略目标"和"引领性指标"都是高效学习的底层逻辑。它的强大在于，当"执行4原则"有效组合在一起的时候，它似乎成了自然界的一种基础规律，无论是个人还是企业，都应当把这本书作为操作手册。

《番茄工作法图解：简单易行的时间管理方法》（Pomodoro Technique Illustrated: The Easy Way to Do More in Less Time）

史蒂夫·诺特伯格（Staffan N.teberg）

人民邮电出版社　2011年2月

瑞典人史蒂夫·诺特伯格不是番茄工作法的发明人，不过，他的这本书似乎写得更好，流传得更广。番茄工作法是被广泛使用的学习管理工具，我们可以去搜索手机和计算机的相关应用，无论是安卓还是苹果系统，都会发现有很多应用程序是专门为番茄工作法免费定制的。这个方法既能让学习者集中注意力，又能提供一个有效的时间尺度反馈，符合大多数人的学习要求。

《知道做到：如何将 KNOW-HOW 转化为你想要的结果》（*Know Can Do*）

肯·布兰佳（Ken Branga）

广东经济出版社　2008 年 9 月

如同现实中实验室产品和量产产品之间有一道鸿沟，在我们所掌握的信息（不是知识）和我们所想要达成的结果之间也有一道鸿沟。我们需要做的是首先把信息变为知识，之后改变自己的态度，最终把知识化为行动，增强体验，成为自己本事的一部分。《知道做到：如何将 KNOW-HOW 转化为你想要的结果》总结了三大问题，包括信息超载、消极过滤和缺少跟进，然后一一给出了解决方案。方案中的"绿灯思维""重复"已经开始被终身学习者们津津乐道。与作者肯布兰佳的另一大作《一分钟经理人》一样，本书不厚，用很短的时间就可以读完，建议你一读。

《微习惯：简单到不可能失败的自我管理法则》（*Mini Habits: Smaller Habits, Bigger Results*）

斯蒂芬·盖斯（Stephen Guise）

江西人民出版社　2016 年 9 月

作者斯蒂芬·盖斯是美国的一个普通"宅男"，偶然的机会让他摆脱了平庸的生活。微习惯的方法让他形成了良好的健身、阅读、写作和其他生活习惯。微习惯是一种非常微小的积极行为，也是极其有效的习惯养成策略。正因为微习惯太小，所以它更容易被大脑中的"审查局"批准通过。因为这个特性，它容错率极高，具有超强的实用性，我自身也是受益者之一。

《精要主义》(Essentialism: The Disciplined pursuit of Less)
格雷戈·麦吉沃恩（Greg McKeown）
浙江人民出版社　2016年4月

我曾思索的一个问题是：在物质匮乏的情况下，为何我们幸福的感觉比现在还更多？本质上是因为现代社会高度互联与信息过载，我们面临的机遇和选择太多。我们以为可以做到一切，而最终往往精力耗尽，却一件事也没做好——焦虑满满、幸福全无。这本书非常重要，麦吉沃恩强调人生就是选择、甄别和取舍。他认为只有少数事情才价值非凡，若想要最大限度地成就真正重要之事，切忌贪多求全。只有摒弃琐碎而无足轻重的生活，才能过真正重要而有意义的人生。在互联时代，我们都需要成为精要主义者。

《工作学习地图》(The Inner Game of Work)
提摩西·加尔韦（W.Timothy Gallwey）
机械工业出版社　2003年2月

美国网球教练提摩西·加尔韦在1976年就出版了《The Inner Game Of Tennis》这本书（台湾译本直译为《网球内心戏》。国内翻译成《身心合一的奇迹力量》，由华夏出版社在2013年出版），风靡全球历久不衰。《工作学习地图》是《网球内心戏》的延续著作。作者对"内心戏"做了详尽的解析，剖析了学习、训练、工作时的心理秘密。其实，从另一个角度来看，他讲的就是佛教的觉知——发自内心深处的了解，而不是浮于表面的了解，对自己不做评价，而是静静地观察，在此基础上进行改变。与《由内而外的教养》的作者丹尼尔·西格尔的"觉察给了我们改变的机会"是同样的意思。本书是终身学习者和教练（无论是球队教练还是企业领导）的必读书。

《跃迁：成为高手的技术》
古典
中信出版集团　2017年8月

　　本书是我唯一选入21本经典书籍的国人自己写的书。作者古典是学习达人，勤于思考且善于表达，书中提出了很多非常有意思的观点，如外包大脑、联机学习等概念，让人耳目一新，虽然缺乏严谨的论证过程（这是普遍现象），但整本书从结构、亮点和思考的深度来看都非常值得一读。

《从"为什么"开始：乔布斯让Apple红遍世界的黄金圈法则》
(Start with Why: How Great Leaders Inspire Everyone to Take Action)
西蒙·斯涅克（Simon Sinek）
海天出版社　2011年8月

　　作者西蒙·斯涅克是国际知名广告专家，在研究世界上影响力最大的领导人时，斯涅克发现他们都以完全相同的模式思考、行动和交流，而且他们的思考模式与普通人不同。斯涅克把这个强大的思考方式称为"黄金思维圈"。按照"黄金思维圈"的说法，人们的灵感来自目的感，在"怎么做"和"做什么"之前应该先问"为什么"。看似简单，实则不然。"黄金思维圈"是元认知的利器，每个人都应该了解"黄金思维圈"，并把它应用到我们的生活和工作中去。

《如何阅读一本书》(How to Read a Book)
莫提默·艾德勒（Mortimer Adle）　查尔斯·范多伦（Charles van Doran）

商务印书馆　2014 年 1 月

　　本书的第一作者艾德勒曾任《大英百科全书》的编辑，又策划过"名著计划"，他写这本书的确是最恰当的人选。他把阅读分为四个层次，即基础阅读、检视阅读、分析阅读和主题阅读。我书中的"假装你要写本书"的学习方法就是受艾德勒的启发，这是"学习如何学习"的重要方法。阅读是延缓心智衰老，提升心智模式的最佳方法，由此，你需要好好读这本书。

《高效能人士的七个习惯》(The 7 Habits of Highly Effective People)
史蒂芬·柯维（Stephen Convey）
中国青年出版社　2013 年 11 月

　　本书的特点是语言易于理解却又意味深长。国外的社交及阅读网站 Goodreads 对本书的评论，谈得最多的是"本书都是废话"。实际上，如果"都是废话"且"蜚声天下"，那只能说明一件事——这本书能够把世界的基础规律深入浅出地表达出来。在我看来，本书简直是一本哲学书，每次展卷，都能从大白话的字里行间发现一些值得深思的东西。

《影响力》(Influence: The Psychology of Persuasion)
罗伯特·西奥迪尼（Robert B.Cialdini）
中国人民大学出版社　2006 年 5 月

　　本书的作者是"影响力教父"，美国说服术与影响力研究权威罗伯特·西奥迪尼。在这本书中，西奥迪尼从心理学的角度给我们解释了许多日常生活中的例子，引人入胜，他对影响力的 6 大心理秘籍，包括"互惠、言行一致、社会认同、喜好、权威及稀缺原理"都做出了清晰可信的解释，使我们能够洞察商家和别有用心之人的招数，同时也让我们更加了解自己。这本书读起来非常愉快，推荐细读。

《自控力》（*The Willpower Instinct*）
凯利·麦格尼格尔（Kelly McGonigal）
文化发展出版社　2017年10月
  人的行为有两个主要来源，一个是意志力，另一个是动力，自控力主要是针对意志力而言的。这是一本针对意志力恰如其分的好书。说恰如其分，意思是作者麦格尼格尔从"科学"探索的角度，运用心理学、神经学和医学的知识，将人类意志力的真相如剥茧抽丝一般，清晰地呈现在眼前。同时，本书出自作者的一门心理学课程，易读和有趣也是特色。

《刻意练习：如何从新手到大师》（*Peak: Secrets from the New Science of Expertise*）
安德斯·艾利克森（Anders Ericsson）
机械工业出版社　2016年11月
  本书作者艾利克森是"专业特长科学"领域的世界顶级研究者。研究了一系列行业或领域中的天才和顶级人物：国际象棋大师、顶尖小提琴家、运动明星、记忆高手、拼字冠军、杰出医生等。他得出重要结论，即"天才"的成就源于"正确的练习"。不论在什么行业或领域，提高技能与能力的最有效方法全都遵循一系列普遍原则，他将这种通用方法命名为"刻意练习"。它适用于所有那些想掌控自己的人生、不向命运低头、不甘心于现状的人。

《卓有成效的管理者》（*The Effective Executive*）
彼得·德鲁克（Peter Drucker）

机械工业出版社　2009 年 9 月

和其他人的书不同（也许和史蒂芬·柯维相似），德鲁克的书中有一种"平淡中却让人惊心动魄"的力量。幸运的是，我最开始接触到时间管理概念就是因为阅读本书，并且按照本书身体力行，应该就是在那时，我萌生了撰写《认知学习》的念头。在这本书中，"管理的有效性"是一个关键，管理有效性不在于有效地"管理别人"，而在于有效地"管理自己"。

《拖延心理学》(*Procrastination: Why You Do It, What to Do About it Now*)

简·博克（Jane B.Burka）　莱诺拉·袁（Lenora Yuen）

中国人民大学出版社　2009 年 12 月

本书是对拖延这件事的近距离审视，拖延的情绪来源比较复杂，涉及希望、恐惧、梦想、怀疑和压力，所以多数人用拖延来逃避他们的感受。更多的时候拖延癌们把时间当作自己的敌人，活在昨天的幻想或明天的恐惧之中。两位作者为了让拖延患者看清楚自己为什么拖延，本书厚达 260 页，如果你也是拖延症患者之一，建议一读。

《搞定 I：无压力的工作艺术》(*Getting Things Done*)

戴维·艾伦（David Allen）

中信出版集团　2010 年 5 月

GTD（Get Thing Done）工作法现在是很火爆的学习方法，他的源头就是艾伦的这本书。说实话，我认为 GTD 的理念有待商榷，GTD 认为人生最大的问题不是你要做的事太多，而是有很多事情你该做却没有做，GTD 要帮你的是把所有的事都做了。它的具体方法是按照一套方法来列清单、文档管理、回顾和执行，列清单是列出基本的任务清单（To-do List），肯定有助于释放压力，但理念和没有冗余、循规蹈矩的做法有较大问题，这导致有很多人谈这套方法，但真把它实际用起来的人却是极少数。虽然我个人不推荐这套方法，但作为经典的学习法之一，你有必要了解。

《混乱：如何成为失控时代的掌控者》（Messy: The Power of Disorder to Transform Our Lives）

蒂姆·哈福德（Tim Harford）

中信出版社集团　2018年1月

哈福德是美国极受欢迎的畅销书作者。本书是新近出版的著作，我觉得他的这本书比他的《卧底经济学》更加深刻，更有意思，其主旨与反脆弱的思想有些相似，他认为这个世界是无序而混乱的，我们应该学会混乱的工作方法，去拥抱自由独立，拒绝循规蹈矩的人生。例如，他认为把文档分类整理纯属于浪费时间，最好的办法就是随手扔桌上就行；再如，他有一个"随意震动"的概念，强调颠覆和改变习惯性做法，就会有新的收获。本书很有意思，值得思考和阅读。

相关扩展书籍

《盗火：硅谷、海豹突击队和疯狂科学家如何变革我们的工作和生活》（Stealing Fire: How Silicon Valley, the Navy SEALs, and Maverick Scientists are Revolutionizing the Way We Live and Work）

史蒂芬·科特勒（Steven Kotler）　杰米·威尔（Jamie Wheal）

中信出版集团　2018年1月

《盗火：硅谷、海豹突击队和疯狂科学家如何变革我们的工作和生活》是一本让我大开眼界的书。这本书用"出神"这个概念来指代

"深度"和"心流"。利用我们对大脑机理的认知和神经科技的研究，用药品和现代科技使人类能够进入高层次的状态（即"深度"或"心流"状态）。例如，美国军方通过"神经反馈"设备让海豹突击队队员达到"集体心流"。不知道你看过电影《永无止境》（*Limitless*）没有，主人公吃的那种药品（NZT）激发出了他的所有潜能，人生获得巨大改变。实话实讲，人类的心理学、神经生物学、药理学、工程学结合在一起，NTZ 也许就在不久的未来等着我们。

《思考，快与慢》（*Thinking，Fast and Slow*）
丹尼尔·卡尼曼（Daniel Kahneman）
中信出版社　2012 年 7 月

　　按照精彩程度，这本书绝对应选入 21 本经典之中。但由于主题和《认知学习》各章主题稍有距离，因此将这本书放入扩展书籍之中。传统的"经济人"假设在这本书面前四分五裂，同时又未将慢思考（系统 2）的优势绝对化，细读起来你会发现，这不仅是一本行为心理学的著作，而且是一本社会学乃至人类学的一流著作。推荐精读。

《奇特的一生：柳比歇夫坚持 56 年的"时间统计法"》
格拉宁
北京联合出版公司　2016 年 6 月

　　我教育我 12 岁儿子的方法不是教给他知识，甚至不是方法，而是"埋种子"。有些种子也许一周后就会发芽，有些也许在十年后才开始成长、开花、结果，还有些，也许一辈子也没法露头。我敢肯定，这本书教不会你时间管理的方法，但也许能给你埋下一枚小小的种子——感知时间的尺度。也许由此你不会困惑于自己的时间都花到哪儿去了，也不会感到自己被生命的海浪推来搡去，飘摇不定。

《意志力：关于专注、自控与效率的心理学》（*Willpower: Rediscovering the Greatest Human Strength*）

罗伊·鲍迈斯特（Roy F.Baumeister） 约翰·蒂尔尼（John Tierney）

中信出版社 2012年6月

"自控力"和"意志力"两个词的英文都是 Willpower，这本书和《自控力》的核心内容很相似，也都是西方的畅销书。如果要把两本书分个高下，我认为还是《自控力》稍好一些，阅读起来更加顺畅。个人认为，两本书都值得一读。而且，两本书一起比较着读，记忆会更加深刻。

《元认知：改变大脑的顽固思维》（*Brain Changer: How Harnessing Your Brain's Power to Adapt Can Change Your Life*）

大卫·迪绍夫（David DiSalvo）

机械工业出版社 2014年11月

元认知是对认知的认知，你可以理解为自己从空中俯视地面有另一个自己在思考并解决问题，空中的自己对地面的自己做事模式的认知就是元认知。"学习如何学习"这件事本身也是一种元认知。本书是对认知科学的综述，对所有元认知技术进行描述，还从不同角度提出了 30 种思维改进工具，很有启发性。问题在于要说的内容太多，普遍没有谈透，不过作为一本深度科普作品，本书还是很好地完成了自己的任务。

《全神贯注的方法：怎样让自己在日常工作中全神贯注，达到"忘我"的状态？》（*Fully Engaged: Lising the Practicing Mincl in Daily Life*）

托马斯·斯特纳（Thomas Starner）

九州出版社　2017 年 9 月

本书作者托马斯·斯特纳是一位钢琴技师，从自己二十多年的工作和生活的经验心得出发，他认为在任何时候，做任何事，如果能全心地投入到眼前的事情中，达到忘我的状态，那么不仅能大大提高工作效率，还会非常享受这个过程。但事实上，大多数人都很难做到全神贯注。我们总是在左顾右盼，手上在做一件事，心里想着另外一件甚至几件事，在这种情况下，工作会变得毫无美感，甚至会变成一种折磨。

《专注的快乐：我们如何投入地活》(Find Flow: The Psychology of Engagement with Everyday Life)

米哈里·契克森米哈赖（Mihaly Csikszentmihalyi）

中信出版社　2011 年 6 月

这本书不长，我是一口气读完的，顺畅无比。作者契克森米哈赖在这本书中的多个概念都非常有价值。他探讨"心流"、探讨工作、探讨休闲及人际关系。此外，他还引入了一个"自带目的性人格"，指的是不需要外部的评价，我们所做的事本身就是目的和回馈，这种人格能让人全身心地投入工作和生活。这本书之所以顺畅，是因为作者的写作习惯是基于 ESM 法进行无数实践调研，然后再做出思考和结论，其核心逻辑坚挺顺畅，同时又有清晰的实际验证。

《最熟悉的陌生人：自我认知和潜能发现之旅》(Strangers to Ourselves: Discovering the Adaptive)

提摩西·威尔逊（Timothy Wilson）

人民邮电出版社　2014 年 1 月

这是一本研究人类心智的经典好书。如果你检索一下研究意识悖论类型的各类文章，你会发现它们大部分引用了威尔逊的成果。一句话，这是一部经典之作。尽管从外表看起来，它只是薄薄的一本书，但在其中，威尔逊力图将关于意识的艰涩问题分解成简明易懂的各个章节，让没有心理学背景的读者也能够读懂。建议你不要错过。

《如何学习：用更短的时间达到更佳效果和更好成绩》（*What Smart Students Know: Maximum Grades. Optimum Learning. Minimum Time*）

亚当·罗宾逊（Adan Robinson）

中国青年出版社　2016 年 1 月

罗宾逊是美国著名的学习问题专家，他这本书的对象是学生。在书中他搜集了上百位学霸的学习方法，试图告诉你怎样用更少的时间学到更多。虽然他描述的场景主要是学校和考试，但其中的基本理念完全可以扩展到工作和生活中去。无论你是孩子的家长还是自己准备好好学点什么，这本书都值得细读。

《异类：不一样的成功启示录》（*Outliers: The Story of Success*）

马尔科姆·格拉德威尔（Malcolm Gladwell）

中信出版社　2014 年 4 月

格拉德威尔是超级畅销书作家，文笔非常之好，善于讲故事，同时也有很强的洞察力，善于引领社会思潮。不过总的来说，我认为他并非是一个"深度"作者，缺乏真正的洞见。因此，他的《异类：不一样的成功启示录》我并没有收入 21 本经典的推荐书籍。然而，他的书更容易理解、转述和传播，就读书的趣味性来讲，可以排在所有推荐书的首位。

《新厚黑学：如何将灵性的潜力转化为生存竞争的武器》
朱津宁
中国友谊出版公司　2002 年 3 月

最早接触到朱津宁女士的思想，是在 18 年前听一位台湾优秀企业家的介绍，当时就觉得很受启发。后来看到其著作，就被其中饱含心灵智慧的语言迷住了。本书和推介中的其他任何一本书都不同，没有科学思辨，全部是心灵鸡汤。不过朱津宁的鸡汤熬得别具风味，建议你尝尝。

《好好学习：个人知识管理精进指南》
成甲
中信出版集团　2017 年 2 月

成甲是目前国内的学习达人，他撰写的这本书围绕"临界知识"这个自创的概念，从知识管理的角度反复阐述。"临界知识"借用了核物理学"临界质量"的概念，即核爆所需要的物质质量，只有超过某临界值的时候才会发生裂变。围绕该概念，成甲介绍了相关的心态、方法和几个核心的"临界知识"，其中也包括黄金思维圈在内。总之，全书知识浓度相当高，值得一读。

《吾国教育病理》
郑也夫
中信出版社　2013 年 9 月

吾国的教育制度毁灭了学子的创造力和求知精神，这几乎已经成为共识。但郑也夫之前，并没有一本书对此事谈得如此透彻。他对教育生态的本质、教育和发展的关系等进行了透彻的分析，说清楚了我国学生虽然在国际经合组织 PISA 测评中取得较大优势，但这是超负荷的重复努力造就的，全无余力、兴趣和自主性，摧毁了我国一流人才的未来潜能。推荐本书，希望引起更多反响和思考。

《幸福之路》（*The Conquest of Happiness*）
贝特兰·罗素（Bertrand Russell）
陕西师范大学出版社　2003年4月

为什么会推荐这本书呢？是因为我们需要从日常的生活中暂时抽离出来，读一点点哲学（写得好的哲学书都是天书，是来自上天的恩赐，会给你带来想象不到的好处）。大哲学家罗素的著作本身就涉猎广泛。这本书相当易读，以"幸福"为主题探讨幸福和不幸的根源。可以说，这本书是我读过的关于幸福最全面透彻的书籍。

《习惯的力量》（*The Power of Habit*）
查尔斯·都希格（Charles Duhigg）
中信出版社　2013年4月

人生不过是无数习惯的总和。人的习惯是一个回路，由诱因、行动和奖赏构成，只要掌握"习惯回路"，就能够戒掉坏习惯、建立好习惯，用习惯的力量改变自己。本书提供了大量习惯的案例，从个人习惯、组织习惯和社会习惯三个角度进行剖析。作为习惯养成领域的树叶类书籍（在社会习惯角度有独到见解），这本书可以泛读。

参考文献

［1］凯文.必然［M］.北京：电子工业出版社，2016.

［2］考夫曼.穷查理宝典：查理·芒格的智慧箴言录［M］.上海：上海人民出版社，2010.

［3］汉迪.空雨衣［M］.杭州：浙江人民出版社，2012.

［4］奥古斯丁.忏悔录［M］.北京：商务印书馆，1963.

［5］津巴多，博伊德.津巴多时间心理学［M］.沈阳：万卷出版公司，2010.

［6］释道原.景德传灯录［DB/OL］.https://www.bhzw.cc/book/10/10301/350621.html.

［7］契克森米哈赖.心流：最优体验心理学［M］.北京：中信出版集团，2017.

［8］麦吉沃恩.精要主义［M］.杭州：浙江人民出版社，2016.

［9］艾萨克森.史蒂夫·乔布斯传［M］.北京：中信出版社，2011.

［10］纽波特.深度工作：如何有效使用每一点脑力［M］.南昌：江西人民出版社，2017.

［11］凯勒，帕帕森.最重要的事，只有一件［M］.北京：中信出版社，2015.

［12］科特勒，威尔．盗火：硅谷、海豹突击队和疯狂科学家如何变革我们的工作和生活［M］．北京：中信出版集团，2018．

［13］圣吉．第五项修炼：学习型组织的艺术与实务［M］．上海：上海三联书店，1998．

［14］艾利克森．刻意练习：如何从新手到大师［M］．北京：机械工业出版社，2016．

［15］古典．拆掉思维里的墙：原来我还可以这样活［M］．北京：中国书店，2010．

［16］格拉德威尔．异类［M］．北京：中信出版社，2014．

［17］艾萨克森．富兰克林传［M］．北京：中国社会出版社，2008．

［18］路遥．人生［M］．西安：陕西旅游出版社，2001．

［19］斯涅克．从"为什么"开始：乔布斯让Apple红遍世界的黄金圈法则［M］．深圳：海天出版社，2011．

［20］西奥迪尼．影响力［M］．北京：中国人民大学出版社，2006．

［21］迪绍夫．元认知［M］．北京：机械工业出版社，2014．

［22］博克，袁M．拖延心理学［M］．北京：中国人民大学出版社，2009．

［23］诺特伯格．番茄工作法图解：简单易行的时间管理方法［M］．北京：人民邮电出版社，2011．

［24］德鲁克．卓有成效的管理者［M］．北京：机械工业出版社，2009．

［25］鲍迈斯特，蒂尔尼．意志力：关于专注、自控与效率的心理学［M］．2版．北京：中信出版社，2012．

［26］盖斯．微习惯：简单到不可能失败的自我管理法则［M］．南昌：江西人民出版社，2016．

［27］班杜拉.思想和行动的社会基础：社会认知论［M］.上海：华东师范大学出版社，2001.

［28］波兹曼.童年的消逝［M］.北京：中信出版集团，2015.

［29］金克木.书读完了［M］.上海：上海辞书出版社，2007.

［30］古典.跃迁：成为高手的技术［M］.北京：中信出版集团，2017.

［31］艾德勒，范多伦.如何阅读一本书［M］.北京：商务印书馆，2014.

［32］加尔韦.身心合一的奇迹力量［M］.北京：华夏出版社，2013.

［33］塔勒布.黑天鹅：如何应对不可预知的未来［M］.北京：中信出版集团，2008.

［34］塔勒布.反脆弱：从不确定性中获益［M］.北京：中信出版社，2014.

［35］朱津宁.新厚黑学：如何将灵性的潜力转化为生存竞争的武器［M］.北京：北京友谊出版公司，2002.

［36］哈福德.混乱：如何成为失控时代的掌控者［M］.北京：中信出版集团，2018.

［37］中村修二.东亚教育问题的根源在哪儿［DB/OL］.http://www.doc88.com/p.9817271096578.html.

［38］郑也夫.吾国教育病理［M］.北京：中信出版社，2013.